中等职业教育国家规划教材配套辅导用书

统计基础知识习题与实训

（第6版）

主　编　钟新联　龚承刚
副主编　杨　俊　王红玲

中国财经出版传媒集团
中国财政经济出版社

图书在版编目（CIP）数据

统计基础知识习题与实训 / 钟新联，龚承刚主编. --6版. --北京：中国财政经济出版社，2023.5（2025.7重印）
中等职业教育国家规划教材配套辅导用书
ISBN 978-7-5223-2037-3

Ⅰ.①统… Ⅱ.①钟… ②龚… Ⅲ.①统计学-中等专业学校-教学参考资料 Ⅳ.①C8

中国国家版本馆CIP数据核字（2023）第039551号

责任编辑：田明晖　　责任校对：徐艳丽
封面设计：华乐功　　责任印制：史大鹏

统计基础知识习题与实训
TONGJI JICHU ZHISHI XITI YU SHIXUN

中国财政经济出版社 出版
URL：http：//www.cfeph.cn
E-mail：tianmh@cfemg.cn

社址：北京市海淀区阜成路甲28号　邮政编码：100142
营销中心电话：010-88191522　编辑部门电话：010-88190670
天猫网店：中国财政经济出版社旗舰店
网址：https：//zgczjjcbs.tmall.com
北京密兴印刷有限公司印刷　各地新华书店经销
成品尺寸：185mm×260mm　16开　12.25印张　300 000字
2023年5月第6版　2025年7月北京第3次印刷
定价：28.00元
ISBN 978-7-5223-2037-3
（图书出现印装问题，本社负责调换，电话：010-88190548）
本社质量投诉电话：010-88190744
打击盗版举报热线：010-88191661　QQ：2242791300

第6版前言

《统计基础知识习题与实训（第 6 版）》是根据中等职业教育国家规划教材《统计基础知识（第 6 版）》的内容编写的。该书的上篇为“习题”，是按教材章节顺序，结合课程的特点编写的，基本上覆盖了全书的主要内容，并与教学进度保持一致，满足了学生每周一次练习的要求；下篇为“实训”，是教材内容的深化，是理论与实践的结合，旨在培养学生的知识应用能力、综合分析能力和实际动手能力，本书还附有两套“期中考试模拟试卷”和四套“综合模拟试卷”，供学生自我测试之用。《统计基础知识（第 6 版）》各章后的复习思考题与本书的练习题的参考答案或提示都放在《统计基础知识电子教案》中供读者参考。需要说明的是，考虑到部分学生进一步学习和提高的需要，本书少数题目的难度略有加大，与教材相比，实训部分的内容也略有深化，各校可根据具体情况择而用之。广大学生通过书中问题的思考与解答，可以更全面、更迅速、更准确地掌握书本内容，提高掌握知识、应用知识的能力。

本书由钟新联、龚承刚担任主编，杨俊、王红玲担任副主编。湖北孝感美珈职业学院钟新联、咸宁职业技术学院王红玲负责上篇的编写和修改；中南财经政法大学龚承刚、湖北孝感美珈职业学院杨俊负责下篇的编写和修改。虽经反复修改，仍难免有不足和差错之处，恳请读者批评指正。

编　者

2023 年 2 月

目 录

上篇　习　　题

第一章
概　论

一、名词解释

1. 大量观察法

2. 统计指标

3. 标志表现

4. 离散变量

5. 统计机构

二、填空题

1. 统计具有______、______和______等职能。其中______是其基本职能。

2. 统计一词一般包括______、______和______三种含义；其中＿＿＿＿＿＿是统计工作的成果，＿＿＿＿＿＿是统计工作的经验总结和理论概括。

3. 统计学研究对象的特征可概括为＿＿＿＿＿＿、＿＿＿＿＿＿、＿＿＿＿＿＿等。其中＿＿＿＿＿＿是其基本特征。

4. 统计的工作过程一般包括＿＿＿＿＿＿、＿＿＿＿＿＿、＿＿＿＿＿＿、＿＿＿＿＿＿和＿＿＿＿＿＿等阶段。

5. 统计研究的基本方法有＿＿＿＿＿＿、＿＿＿＿＿＿和统计描述法。其中后者又可分为＿＿＿＿＿＿、＿＿＿＿＿＿和＿＿＿＿＿＿等。

6. 统计总体是由＿＿＿＿＿＿的＿＿＿＿＿＿的许多个体单位所构成的整体，它具有＿＿＿＿＿＿、＿＿＿＿＿＿、＿＿＿＿＿＿等特征。

7. 统计标志按其性质不同可分为＿＿＿＿＿＿和＿＿＿＿＿＿；按其变异情况不同可分为＿＿＿＿＿＿和＿＿＿＿＿＿。

8. 变量按其取值是否连续可分为＿＿＿＿＿＿和＿＿＿＿＿＿。

9. 统计机构是从事＿＿＿＿＿＿、＿＿＿＿＿＿、＿＿＿＿＿＿、＿＿＿＿＿＿、＿＿＿＿＿＿等活动的组织。《中华人民共和国统计法》规定设立的统计机构分为＿＿＿＿＿＿、＿＿＿＿＿＿、＿＿＿＿＿＿三种。

10. 我国于＿＿＿年制定了《中华人民共和国统计法》，于＿＿＿年和＿＿＿年对其进行了修改；＿＿＿年国家统计局发布了《中华人民共和国统计法实施细则》，＿＿＿和＿＿＿年对其进行了修改；＿＿＿年颁布了《中华人民共和国统计法实施条例》，自＿＿＿起实施。

三、单项选择题

1. 统计的基本职能是(　　)。

①核算职能　　②监督职能

③咨询职能　　④信息职能

2. 下列不属于统计一词含义的是(　　)。

①统计实践活动　　②统计数据

③统计指标　　④统计学

3. 构成统计总体的基础和前提是要求总体各单位在某方面具有(　　)。

①综合性　　②同质性

③变异性　　④大量性

4. 在调查某城市农民工的生活状况时，总体是(　　)。

①该市全部农民工　　②该市每个农民工家庭

③该市全部农民工家庭　　④该市农民工家庭户数

5. 在调查某校会计专业2307班48名学生的学习情况时，总体单位是(　　)。

①该班48名学生　　②该班每一名学生

③该班48名学生的学习成绩　　④该班每一名学生的学习成绩

6. 某公司员工王海燕的月工资额为6580元，则“工资”是(　　)。

①标志　②品质标志

③数量标志　④数量指标

7. 在进行经济普查时，若以“第一产业、第三产业所涵盖的行业”中的各单位为调查单位，那么“所有单位”的“劳动生产率”是(　　)。

①品质标志　②数量标志

③指标　④数量指标

⑤质量指标

8. 随机抽取某公司六名员工进行调查，获取其月工资额的数据分别为6730、7750、7280、7186、6190、6550元。这些数字是(　　)。

①标志　②指标

③变量　④变量值或标志值

9. 下列说法正确的是(　　)。

①质量指标不一定可量　②标志必须可量

③指标必须可量，标志不一定可量　④指标不一定可量，标志必须可量

10. 一个统计总体(　　)。

①只能有一个标志　②只能有一个指标

③可以有多个指标　④可以有多个标志

11. 我国的企事业组织(　　)。

①必须设立统计机构

②根据统计任务的需要设立统计机构或在有关机构中设立统计人员

③是否设立统计机构由同级人民政府规定

④是否设立统计机构由同级人民政府统计机构规定

12. (　　)所搜集的统计信息是我国统计信息的主要源头。

①政府综合统计机构　②部门统计机构

③企事业统计组织　④个人

四、多项选择题

1. 以全国所有高校为研究对象，其中某所高校的“学生人数”是(　　)。

①数量标志　②数量指标

③变量　④变量值

2. 指标的主要特点是(　　)。

①可量性　②综合性

③客观性　④具体性

3. 统计总体的特征表现为(　　)。

①大量性　②数量性

③同质性　④差异性

⑤客观性

4. 以某校全体学生为研究对象，下列统计数据中(　　)是统计指标。

①男生所占比重为54%　　②女生人数为1250人

③某学生的身高为1.78米　　④全体学生的平均身高为1.66米

5. 连续变量的数值(　　)。

①是连续不断的，相邻两值之间可取无限数值

②相邻两值之间不可能有小数

③以整数断开的

④可用测量或计算方法取得

⑤只能用计数方法取得

6. 下列属于连续变量的是(　　)。

①工业增加值　　②从业人数

③进出口贸易总额　　④新增开发区面积

7. 研究某企业职工的工资水平，“工资”对于各个职工而言是(　　)。

①标志　　②数量标志

③指标　　④数量指标

⑤变量　　⑥连续变量

8. 下列标志中属于品质标志的是(　　)。

①人口性别　　②工资级别

③考试分数　　④商品使用寿命

⑤固定资产用途　　⑥公司组织形式

9. 总体和总体单位的区分是相对的，若研究目的不同，则(　　)。

①总体有可能变成总体单位　　②总体不可能变成总体单位

③总体单位有可能变成总体　　④总体单位不可能变成总体

⑤总体与总体单位可以同时发生相互转化

10. 研究某市的工业生产情况，则(　　)。

①总体是该市的全部工业企业

②总体单位是该市每一个工业企业

③该市各工业企业的“工业增加值”是数量标志

④该市“工业增加值500亿元，劳动生产率100000元/人”是统计指标

11. 在社会经济统计实践中，总体单位可以是(　　)。

①自然人　　②企事业单位　　③学生　　④机器设备

12. 我国统计法规定设立的统计机构有(　　)。

①政府综合统计机构　　②部门统计机构

③企事业组织统计机构　　④民间统计机构

13. 下列属于客观指标的是(　　)。

①粮食产量　　②钢铁产量　　③棉花产量　　④税率

14. 下列属于数量指标的是(　　)。

①利税额　　②单位产品成本

③价格　　④国内生产总值

五、判断题

1. 指标与标志的表现形式完全相同。 (　　)

2. 《中华人民共和国统计法》规定，我国建立集中统一的统计系统，实行统一领导、分级负责的管理体制。 (　　)

3. 统计是从整体上研究事物的数量表现，不考虑个别事物的特征。 (　　)

4. 统计资料就是统计调查中获得的各种数据。 (　　)

5. 统计设计是统计工作的开始，也是统计认识活动的起点和基础。 (　　)

6. 总体和总体单位随着研究目的的变化而相互转化。 (　　)

7. 统计工作过程有前后之分，但在实践中是不能交叉进行的。 (　　)

8. 统计指标的作用是用具体数量来反映总体现象存在的客观事实。 (　　)

9. 用文字表述的指标是质量指标，用数值表示的指标是数量指标。 (　　)

10. 统计指标和统计标志都是用来说明总体数量特征的，但两者在综合性方面还是存在着差别的。 (　　)

11. 强化统计法治就是为了加大对统计违法行为的处罚力度。 (　　)

12. 集中统一的统计系统，是指国家各部门、各类型的统计机构在国家统计局的统一领导或协调下所共同组成的统计机构的统一体。 (　　)

13. 统计学不是研究现象的纯数量关系，而是在质与量的辩证统一中研究现象的数量关系。 (　　)

14. 变量是指标值和数量标志值的统称。 (　　)

15. 数量标志之和即为指标。 (　　)

六、简答题

1. 统计为什么要从总体上研究现象的综合数量特征？

2. 统计工作过程包括哪几个阶段？它们之间的关系如何？

3. 统计指标与统计标志有何区别与联系？

4. 完善社会主义市场经济制度为何要充分发挥统计监督职能的作用？

5. 某总公司所属四个分公司 2023 年共计实现利润 5 亿元，其中甲公司实现利润 1 亿元、乙公司 3 亿元、丙丁公司各 5000 万元。试根据这一资料回答：统计总体、总体单位、统计指标、标志、变量和变异各指什么？

第二章 数据采集

一、名词解释

1. 原始数据

2. 问卷调查

3. 普查

4. 典型调查

5. 调查对象

二、填空题

1. 数据采集搜集的统计信息有两种，一种是____________或称____________；另一种是____________或称____________。

2. 数据采集按实施主体的不同，可分为________________和________________。前

者包括________、________和________3种。

3. 数据采集是统计工作的________环节，它的基本要求是________、________、________。

4. 数据采集按组织方式不同分为________和________；按调查对象包括的范围不同分为________和________；按调查登记的时间连续与否分为________和________。按数据采集实施主体的不同，分为________和________。

5. 搜集统计数据的具体方法有________、________、________、________、________等。

6. 数据采集方案的基本内容包括：（1）确定________和________；（2）确定________和________；（3）拟定________和________；（4）确定________、________和________；（5）确定________和________；（6）拟定________等方面。

7. 数据采集的“调查时间”是指________；“调查期限”是指________，包括________。

8. 统计专门调查包括________、________、________和________等。

9. 重点调查中的“重点单位”是以________为标准来选取的。

10. 为适应完善社会主义市场经济体制的需要，并与国家编制五年发展计划衔接，推动国民经济核算和统计调查体系的综合配套改革，我国确立了________、________、________三项国家周期性普查制度。________、________每十年进行一次，分别在尾数逢0和6的年份实施；________每五年进行一次，分别在尾数逢3和8的年份实施。

11. 抽样调查的特点有________、________和________等。其有________、________、________和________等优势。

12. 典型调查的方式有________和________等；其搜集统计资料的方法较多，一般有________、________、________等。

13. 问卷总体结构设计的内容包括________、________、________。

14. 问卷问题排列顺序的规则是________、________、________、________。

15. 封闭型提问是在问卷上同时列出问题和各种备选答案，由被调查者在备选答案中选出一项或几项作答。备选答案的类型可以归纳为________、________、________。

16. 邮寄问卷的送交和回收方式很多，如通过________，或通过________，或由________等。

三、单项选择题

1. 调查我国公民银行储蓄存款情况所采用的调查方法是(　　)。

①统计报表　　②抽样调查

③重点调查　　④普查

⑤典型调查

2. 按数据采集的组织方式不同，数据采集可分为(　　)。

①全面调查和非全面调查　　②经常性调查和一次性调查

③政府统计调查和民间统计调查　　④统计报表和专门调查

3. 下列指标中属于数量指标的是(　　)。

①工人出勤率　　②工业产品总成本

③职工平均工资　　④产品合格率

⑤产品单位成本　　⑥劳动生产率

4. 我国对市场的产品质量情况进行调查的方式是(　　)。

①统计报表　　②普查

③重点调查　　④抽样调查

⑤典型调查

5. 我国目前搜集重要的统计数据的主要形式是(　　)。

①统计报表　　②专门调查

③全面调查　　④抽样调查

6. 划分全面调查与非全面调查的依据是(　　)。

①调查单位的多少　　②调查项目的多少

③调查资料是否齐全　　④是否包括调查对象的所有单位

7. 统计调查中的一次性调查是(　　)。

①只调查一次　　②对时点现象进行的非连续登记

③按固定周期进行的调查　　④对时期现象进行的连续登记

8. 数据采集的采集对象是指(　　)。

①已确定进行调查登记的全部单位的整体

②被研究现象的全部单位组成的整体

③在全面调查中是所研究现象的全部单位组成的整体，在非全面调查中是决定要调查登记的部分单位组成的整体

④所要调查的全部项目组成的整体

9. 一个调查单位(　　)。

①只能有一个标志　　②可以有多个标志

③只能有一个指标　　④可以有多个指标

10. (　　)是统计工作的根本准则，是统计工作的生命线。

①及时性　　②完整性

③连续性　　④准确性

11. 统计报表按填报单位的性质不同分(　　)。

①国家报表、业务部门报表和地方报表

②电讯报表和邮寄报表

③日报、旬报、月报、季报和年报

④基层报表和综合报表

12. 专门组织的一次性全面调查是(　　)。

①统计报表　　②普查

③重点调查　　④典型调查

13. 只要调查十多个大型钢铁企业，就可以了解我国钢铁生产的基本情况，这种调查方式是(　　)。

①普查　　②重点调查

③典型调查　　④抽样调查

14. 典型调查的“典型单位”是(　　)。

①工作搞得很好的单位　　②工作中出现问题最多的单位

③具有举足轻重作用的单位　　④具有代表性的部分单位

15. (　　)的优点是访问时间可由调查者掌握，加之直接与被调查者进行语言沟通，访问中能了解被调查者的非语言行为，通过观察被调查者的反应而灵活适时调整，因此能深入调查某些问题，且问卷回收率高。

①当面访问　　②电话访问

③邮寄问卷　　④登门送收问卷

16. (　　)是指问卷上仅给出问题，但问题后不列出备选答案，回答问题也不做统一规定，而是由被调查者根据自己的看法用文字表达意见。

①开放型提问　　②封闭型提问

③定距提问　　④定序提问

⑤定类提问

17. 比较系统地、客观地反映本地区、本部门或本单位某特定方面基本情况的数据采集报告是(　　)。

①情况数据采集报告　　②典型经验调查报告

③总体调查报告　　④新鲜事物调查报告

18. 数据采集报告的(　　)是对数据采集报告内容的高度概括，也是编制索引、查阅文献的主要线索。

①标题　　②前言

③注释　　④署名

四、多项选择题

1. 数据采集必须遵循实事求是的原则，所采集的数据应满足(　　　)等要求。

①准确性　　②及时性

③全面性　　④连续性

2. 按数据采集登记的时间是否连续，可分为(　　　　)。
①统计报表　　②专门调查
③经常性调查　　④一次性调查
⑤全面调查　　⑥非全面调查
3. 某学校对全体教职工进行一次身体体检，则每一位教职工是(　　　　)。
①调查对象　　②调查单位
③调查项目　　④调查项目的承担者
4. 数据采集(　　　　)。
①是向客观实际搜集原始资料　　②是统计工作的基础环节
③是统计工作中承前启后的阶段　　④所取得的资料都是数字资料
⑤所取得的资料直接说明总体单位的特征　　⑥所取得的资料直接说明总体的特征
5. 下列社会经济资料的搜集，可采用经常性调查方式的有(　　　　)。
①商品库存量　　②职工人数
③人口出生、死亡人数　　④农副产品收购量
⑤工业增加值　　⑥居民住房面积
6. 数据采集项目(　　　　)。
①是调查单位应承担的调查标志
②是调查方案的核心部分
③是要调查的具体内容
④是指标名称
⑤都要表现为具体数值
⑥其具体表现可以是数据也可以是品质属性
7. 某市对工业企业设备进行一次全面调查(　　　　)。
①调查对象是该市所有工业企业的设备　　②调查对象是该市所有工业企业
③调查单位是该市工业企业的每台设备　　④调查单位是该市每个工业企业
⑤填报单位是该市每个工业企业
8. 为了解全国中小企业情况而进行调查，则全国每一个中小企业是(　　　　)。
①调查对象　　②调查单位
③填报单位　　④调查项目
⑤标志的承担者
9. 统计报表和普查(　　　　)。
①二者的目的和作用不同，不能互相代替
②都是经常性调查
③普查是一次性调查，统计报表既有经常性调查也有一次性调查
④可以相互代替
10. 第七次全国人口普查规定登记每一常住人口 2020 年 11 月 1 日零时的有关情况(　　　　)。
①这是经常性的非全面调查　　②这是专门组织的一次性全面调查
③该时间是调查资料所属的标准时点　　④该时间是完成调查登记工作的最后期限

⑤调查单位是每一居民家庭　　⑥人口的“年龄”是调查标志

11. 统计机关在占全国城市人口一半以上的各大城市对农贸市场零售价格水平进行调查，这种调查是(　　)。

①普查　　②典型调查

③抽样调查　　④非全面调查

⑤一次性调查

12. 典型调查的方法有(　　)。

①解剖麻雀法　　②划类选典法

③开调查会法　　④个别访问法

⑤发放调查表

13. 我国第七次人口普查规定的标准时点是2020年11月1日零时，下列情况应计入人口总数的是(　　)。

①2020年11月1日出生的婴儿　　②2020年10月31日22时出生的婴儿

③2020年11月1日死亡的儿童　　④2020年10月从上海迁居北京的人口

⑤2020年10月1日出生，但2020年11月1日死亡的婴儿

14. 问卷按搜集资料的方式分为(　　)。

①访问问卷　　②邮寄问卷

③无结构问卷　　④结构型问卷

15. 问卷按调查的提问方式不同分为(　　)。

①封闭型提问　　②定类类型

③定序类型　　④定距类型

⑤开放型提问

16. 数据采集报告有(　　)等特点。

①写实性　　②针对性

③逻辑性　　④科学性

17. 数据采集报告的标题通常有(　　)等写法。

①直叙式　　②提问式

③复合式　　④动态式

18. 数据采集报告的引言写得如何，对激发读者兴趣具有重要意义。其写作方法一般包括(　　)。

①主旨直述法　　②情况交待法

③结论先行法　　④提问法

五、判断题

1. 我国政府统计调查都是义务性调查，具有强制性；而民间调查则有自愿性和有偿性的特点。(　　)

2. 数据采集按数据登记的时间是否连续，可分为经常性调查和一次性调查。一次性调查是指对现象总体的数据只采集一次。(　　)

3. 主观指标是人们根据其主观意志确定的指标，它与客观指标是对立的。 (　　)

4. 数据采集中的调查单位与填报单位是一致的。 (　　)

5. 重点调查一般属于经常性调查。 (　　)

6. 统计报表一般属于经常性的全面调查。 (　　)

7. 报告法只适用于统计报表这种形式，其他调查不适用报告法。 (　　)

8. 统计报表中的数据资料主要来源于基层单位的原始记录、统计台账和基层单位的内部报表。 (　　)

9. 典型调查中典型单位的选取可以不遵循随机原则。 (　　)

10. 单一表能容纳较多的标志，因而能把许多单位的资料填列于一张表中，这有利于比较和分析。 (　　)

11. 由于直接观察法能保证资料的真实性和可靠性，因而在进行大规模调查时，应采用这种调查方法。 (　　)

12. 在非全面调查中，最完善、最有科学依据的调查方法是抽样调查。 (　　)

13. 邮寄问卷仅指先将设计好的问卷通过邮局邮寄给被调查者由被调查者填写好问卷后再寄回的问卷。 (　　)

14. 在一般情况下，封闭型提问多用于回答类型分离、答题标准统一、可能答案相对较少的问题，被调查者所需指导较少，调查管理简单，获取资料快。 (　　)

15. 问卷说明可与问卷放在同一卷面上，也可附设一份问卷说明书或短信。 (　　)

16. 封闭型提问的优点是节省调查时间，从而可多调查一些问题，且资料分类整理易于处理；其缺点是被调查者不能自由表达看法，备选答案不一定包含了被调查者的观点，降低了调查资料的真实性。 (　　)

17. 数据采集报告的主题就是数据采集报告所要表达的中心问题，它是整个数据采集报告的灵魂，对数据采集报告写作的成败具有决定性的意义。 (　　)

18. 问题调查报告是指存在问题的调查报告。 (　　)

六、简答题

1. 在统计研究中，可从哪几个方面对数据采集进行分类？

2. 如何确定数据采集的目的和任务？

3. 统计报表与其他调查方式比较有何优点？

4. 进行普查时应注意哪些问题？

5. 为了加强教学管理，提高《统计基础知识》的教学质量，使任课教师了解和掌握学生的有关情况，试拟订一个对本校二年级学生进行一次专门调查的调查方案。

6. 问卷主体的设计应注意哪些问题？

第三章 数据整理

一、名词解释

1. 数据分组

2. 分组标志

3. 数据汇总

4. 统计表

5. 组中值

二、填空题

1. 数据整理主要是对______________________进行加工整理，广义上的数据整理还包括了对______________进行加工整理。

2. 数据整理是一项细致而且周密的工作，一般要经过______________________、

__________、__________、__________等步骤。

3. 对数据进行审核，主要是审核资料的______、______、______。

4. 数据整理既是__________的深化，又是__________的基础和前提，在统计工作中起承上启下的作用。

5. 数据分组的作用有________、________、________；数据分组按分组标志的多少和组合形式不同，有________和________两种。

6. 数据分组要满足“三性”的要求，即____________、____________和____________。

7. 数据分组体系有__________和__________两种形式。

8. 分配数列按分组标志不同分为__________和__________两种，其中__________简称__________，它是将总体按照某一数量标志分组而形成的，由__________和__________两个要素构成。

9. 变量数列中的“最大变量值 - 最小变量值” =________；各组次数 ÷ 总次数 =________；在组距式变量数列中，全距 ÷ 数组 =________；（上限 + 下限）÷ 2 =________。

10. 审核数据准确性的方法通常有__________和__________两种。

11. 数据汇总的组织形式有________、________、________和________等；汇总的技术方法有________和________两种。

12. 常用的手工汇总的具体方法有________、________、________和________等几种。其中，________适用于次数的汇总而不适用于标志值的汇总。

13. 统计表从外观形式上看，由________、________、________和________四部分构成；从内容上看，包括________和________两部分。

14. 统计表按总体是否分组及分组程度的不同可分为________、________和________等。

15. 次数分布的表示方法有________和________等。

16. 常用的统计图有________、________、________等。

17. 统计表中不应有数字的格内要用符号________表示；当缺某项数字资料待查时可用符号________表示。

18. 在统计学中，不同性质的社会经济现象有着不同的次数分布特征，其中常见的有：________、________和________等。

三、单项选择题

1. 数据分组的对象是(　　)。

①总体　　②总体单位

③指标　　④标志

2. 数据整理的根本任务是对调查资料(　　)。

①按组归类

②进行加总和计算

③进行审核和订正

④进行分类汇总等加工工作，以得出说明总体特征的综合数据

3. 数据分组的关键是(　　)。

①确定选择分组标志　　②确定组数

③确定组距　　④正确划分各组间的数量界限

4. 按数量标志分组的关键是(　　)。

①确定选择分组标志　　②确定组数

③确定组距　　④正确划分各组间的数量界限

5. 对连续型变量进行分组(　　)。

①宜用单项式分组　　②宜用组距式分组

③宜用等距式分组　　④单项式或组距式分组都可以

6. 区分简单分组与复合分组的依据是(　　)。

①分组数目的多少　　②现象的复杂程度

③总体单位数的多少　　④分组标志的多少及组合形式的不同

7. 编制变量数列，如果总体单位数不太多且只计算各组分配的单位数，应采用(　　)。

①过录法　　②划记法

③折叠法　　④卡片法

8. 将某总公司所属10个分公司的有关从业人员、利润等依次排列并计算出其总量等的统计表是(　　)。

①简单表　　②简单分组表

③复合表　　④一览表

9. 某地区各产业增加值的构成情况见表3－1，表中的“第一产业”“第二产业”“第三产业”“合计”等是(　　)。

表3－1　某地区各产业增加值结构表

	增加值（亿元）	比重（%）
第一产业	1450	29
第二产业	1550	31
第三产业	2000	40
合计	5000	100

①总标题　　②横行标目

③纵栏标目　　④宾词

10. 某车间职工构成情况见表3－2。该表是(　　)。

表3-2

职位	性别	人数（人）
工人	男	320
	女	80
技术员	男	43
	女	17
管理人员	男	37
	女	23
合　计	男	400
	女	120

①单一表　②一览表
③分组表　④复合分组表

11. 编制统计报表时，如果表中某项不应有数字，则在表中用(　　)。
①"0"表示　②"……"表示
③"×"表示　④"—"表示

12. 等距分组适合于(　　)。
①变量值变动比较均匀的现象　②呈水平趋势变动的现象
③急剧升降变动的现象　④按一定比率变动的现象
⑤一切现象

13. 确定连续变量的组限时，相邻的组限一般要求(　　)。
①间断　②重叠
③不等　④间断或重叠

14. 累计次数或累计频率中的"向上累计"是指(　　)。
①将各组变量值由大到小依次相加
②将各组变量或频率由小到大依次相加
③将各组次数或频率从变量值最低的一组向最高的一组依次累计
④将各组次数或频率从变量值最高的一组向最低的一组依次累计

15. 某市根据某企业利润分组的组距数列的末组为"500万元以上"，又知其邻组组中值为480万元，则末组的组中值为(　　)万元。
①520　②510　③500　④490

16. 组距和组数是构成次数分布数列（组距数列）的两个基本要素，组距的大小和组数的多少在数量上(　　)。
①没有关系　②关系不明确
③呈正方向变化　④呈反方向变化

17. 在组距数列中，若某单位的标志值刚好等于相邻组的上、下限数值时，则该标志值一般(　　)。
①归于上限所在组　②归于下限所在组
③归于上、下限所在组均可　④根据计算需要来确定

18. 在组距数列中，组中值(　　)。
①能精确地代表该组变量值的一般水平
②只能是一个代表性数值
③开口组组中值的代表性比闭口组更强
④没有代表性

四、多项选择题

1. 对数据进行加工整理(　　　　)。
①主要是对原始资料进行加工整理　　②可以对次级资料进行再加工
③是进行统计分析的基础和前提　　④是数据采集的继续和深入
2. 统计分组要满足(　　　　)的要求。
①总体内部要体现“组内同质和组间差异性”
②归属的唯一性
③分组的完整性
④分配的统一性
3. 数据整理(　　　　)。
①就是对数据进行分组
②中心内容是汇总
③要以科学的分组为前提
④是统计工作中承前启后的一个阶段
⑤就是对数字进行总计
⑥根本作用是使个体单位的特征过渡到总体的特征
4. 数据整理的内容一般包括(　　　　)。
①统计审核　　②数据分组
③统计汇总　　④数据分析
⑤编制统计表
5. 选择分组标志应考虑的因素有(　　　　)。
①统计研究目的或分组目的　　②标志能否反映事物本质差别及内在联系
③区分事物数量差别还是性质差别　　④现象所处的客观条件和历史条件
⑤变量是连续变量还是离散变量
6. 数据的审核主要是审核数据的(　　　　)。
①准确性　　②及时性
③完整性　　④代表性
⑤科学性
7. 数据汇总的组织形式一般有(　　　　)。
①逐级汇总　　②集中汇总
③手工汇总　　④电子计算机汇总
⑤集中汇总与逐级汇总相结合

8. 广义的统计表从其用途上看包括(　　　　)。

①调查表　　　　②计算表

③汇总表　　　　④分析表

⑤正式报表

9. 组距数列中影响各组分配次数的因素是(　　　　)。

①组距的大小　　　　②组数的多少

③不同的组限　　　　④变量值的大小

⑤分组标志的性质

10. 下面哪些数量标志适宜按组距分组(　　　　)。

①进出口贸易额　　　　②企业职工人数

③公司利润　　　　④税收收入

⑤职工月生活费支出

11. 某单位 100 名职工按其月工资额可分为：5000 元以下、5000 ~ 6000 元、6000 ~ 7000 元、7000 ~ 8000 元、8000 元以上等五组。这一分组(　　　　)。

①等距分组

②分组标志是连续变量

③末组组中值为 8500 元

④某职工工资 7000 元，应统计在“6000 ~ 7000 元”这一组

⑤相邻的组限是重叠的

12. 变量数列中频率应满足的条件是(　　　　)。

①各组频率大于 0　　　　②各组频率大于 1

③各组累计频率之和等于 1　　　　④各组累计频率之和小于 1

⑤各组累计频率之和大于 0

13. 组中值是组距数列中各组标志值的中点数值，根据所掌握的资料不同，其可供选用的计算方法有(　　　　)。

①组中值 = (本组下限 + 本组上限)/2

②组中值 = (本组上限 + 下组下限)/2

③组中值 = 上限 − 1/2 邻组组距

④组中值 = 1/2 上限

⑤组中值 = 下限 + 1/2 邻组组距

14. 组距数列包括(　　　　)。

①品质数列　　　　②变量数列

③等距数列　　　　④异距数列

15. 次数分布的表示方法有(　　　　)。

①图示法　　　　②表示法

③累计法　　　　④分解法

16. 反映总体次数分布的图示方法有(　　　　)。

①直线图　　　　②曲线图

③直方图　　　　④折线图

17. 下列表述不正确的有(　　　　)。

①按品质标志分组的数列不是次数分配数列

②按数量标志分组的数列才是次数分配数列

③按品质标志分组的数列一般不可能是等距数列

④按数量标志分组的数列可以是不等距数列

18. 下列适合异距数列分组的变量可以是(　　　　)。

①企业利润　　②劳动生产率

③年工资额　　④企业职工人数

19. 下列属于品质分配数列的是(　　　　)。

①公司从业人员按文化程度分组而形成的数列

②公司从业人员按工种分组而形成的数列

③公司从业人员按劳动生产率分组而形成的数列

④公司从业人员按月工资额分组而形成的数列

20. 变量数列中的各组可用(　　　　)。

①一个变量表示　　②一个变量值表示

③二个变量表示　　④二个变量值表示

⑤三个变量表示　　⑥三个变量值表示

五、判断题

1. 统计数据的整理主要是对统计数据进行汇总，从某种程度上讲，数据汇总是数据整理的代名词。(　　)

2. 审核统计数据的及时性，就是检查统计数据是否符合规定的报送时间。(　　)

3. 数据汇总机构在对统计资料进行审核时，如果发现有不正确或可疑之处，应该根据实际需要予以订正。(　　)

4. 在编制变量数列时，若统计数据有特大或特小的极端数值，且零散分布，则宜编制开口数列。(　　)

5. 正确确定各组界限，就是在分组标志的变动范围内，划分各相邻组的性质差异或数量界限。(　　)

6. 统计数据的再分组，就是把原已进行过统计分组的资料按新的要求和需要，重新进行分组。(　　)

7. 数据分组的首要问题就是正确划分各组的界限。(　　)

8. 企业只按固定资产价值量分组的统计表属于单一表。(　　)

9. 数据分组所选择的分组标志与分组数目的多少一般没有直接关系。(　　)

10. 在审核报表时，审核员对表中的一切错误或可疑之处，均无权代为更正。(　　)

11. 变量数列的第一组或最后一组如果为开口组，则可以断定这个变量数列是不等距变量数列。(　　)

12. 一般地说，在进行统计分组时，第一组的下限应适当低于最小的变量值；最后一组的上限应适当高于最大的变量值。(　　)

13. 绘制统计图的首要问题是选择图示资料并进行审核。 （ ）

14. 对于异距数列，只有先计算次级密度才能绘制曲线图，否则无法正确反映次数的分布特征。 （ ）

15. 根据简单分组的结果所编制的统计表就是简单表。 （ ）

16. 异距数列各组次数的多少受组距大小的影响，组距大的组的次数可能多些，组距小的组的次数可能少些。 （ ）

17. 等距数列比较清楚地反映了总体的分布特征，编制组距数列时应尽可能地进行等距分组。 （ ）

18. 通过数据采集所搜集的各种数据资料是社会现象量的多少的反映，但它充满了质的差异。 （ ）

六、简答题

1. 简述统计数据审核的主要内容。

2. 如何编制变量数列？

3. 为什么说数据分组的关键是正确选择分组标志和划分各组的界限？

4. 编制组距式变量数列应如何确定组数、组距和组限？

5. 为什么说组中值只是各组变量值的代表值？

七、计算题

1. 随机抽取某地区全部企业中的30个企业进行调查，获取其今年第一季度的有关资料见表3-3：

表3-3

序号	经济类型	人数（人）	利润额（万元）	序号	经济类型	人数（人）	利润额（万元）
1	合伙	45	360	16	外资	18	32
2	国有	60	252	17	国有	366	2160
3	国有	38	290	18	合伙	20	48
4	外资	20	66	19	外资	25	89
5	合伙	30	81	20	国有	180	443
6	其他	14	35	21	国有	50	18
7	合伙	19	57	22	国有	30	108
8	国有	55	198	23	外资	26	78
9	国有	72	259	24	其他	88	350
10	国有	90	432	25	其他	100	300
11	合伙	30	105	26	其他	10	40
12	外资	18	90	27	其他	45	200
13	其他	40	128	28	其他	50	300
14	合伙	60	450	29	其他	40	150
15	国有	100	285	30	其他	25	100

要求：试设计一张统计表，采用划记法、过录法等方法完成数据的整理工作，以反映被调查单位各种经济类型的企业数、人数、利润额等情况，并计算出其人均利润额。

2. 某地20个工业企业的有关资料见表3-4：

表3-4

企业序号	职工人数（人）	实际利润额（万元）	利润额计划完成（%）
1	400	540	107
2	576	460	100
3	680	480	91
4	880	720	100
5	730	750	98
6	960	950	115
7	850	760	91
8	1430	1980	124
9	1380	1370	92
10	240	150	100
11	180	150	100
12	170	160	104
13	280	280	100
14	1360	1750	100
15	1250	1970	115
16	1360	1450	100
17	920	910	90
18	1000	1450	110
19	750	730	93
20	1380	1620	107
合　计			

要求:

(1) 按计划完成程度分组，整理出一份统计表。

(2) 按职工人数分组，编制一份统计表，以表明企业规模与职工劳动生产率之间的关系。

3 某班51名学生的统计基础知识考试成绩如下:

85 93 78 95 85 94 70 87 85 92 87 85 60 68 84 55 79 76 72
90 60 62 86 60 80 80 96 84 70 82 75 56 85 83 75 69 76 94
84 80 86 98 65 80 84 76 56 74 68 85 85

要求:

(1) 将上述分数按由低到高的顺序加以排列。

(2) 将成绩按等级分组，并设计一张整理表，用过录法或划记法进行汇总整理。

（3）编制组距式变量数列，并计算出累计数。

（4）绘制次数与累计次数分布图。

次数分布图

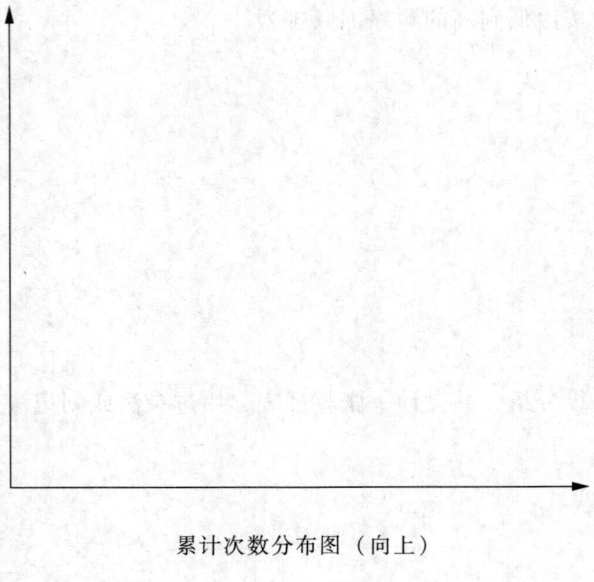

累计次数分布图（向上）

（5）对该班学生的考试成绩分布情况作一简要分析。

4. 某公司从业人员学历构成情况如下：普通员工 500 人，其中：高等及以上学历人数占 15%，中等学历人数占 35%；中层员工 120 人，其中：高等及以上学历人数占 45%，中等学历人数占 33%；高层员工 40 人，其中：高等及以上学历人数占 75%，中等学历人数占 20%。

要求：根据该资料设计一张复合表，并计算表中的有关数字。

第四章
综 合 指 标

（一）总量指标与相对指标

一、名词解释

1. 总量指标

2. 相对指标

3. 结构相对数

4. 强度相对数

5. 比较相对数

二、填空题

1. 总量指标是反映现象总体在一定时空条件下所达到的__________或________的综合指标，因其数值表现为具有一定计量单位的绝对数，故又称______________。总量指标是最基本的统计指标，其数值的大小随____________的变化而变化。

2. 总量指标按其反映现象的内容不同，可分为____________和____________；按其所反映现象的时间状况不同，可分为__________和__________；按其所采用的计量单位的不同，可分为____________、____________、____________。

3. 总量指标的核算方法主要有____________和____________两种。

4. 相对指标按其作用或对比的标准不同，可分为____________、____________、____________、____________、____________和____________六种。

5. 相对指标的表现形式有__________和____________两种。

6. 计算中长期计划完成程度指标的方法有___________和____________两种。

7. 结构相对指标是总体中某现象各部分的数值与相应的总体总量的比，其总和应等于__________或__________。

8. 某公司计划劳动生产率比去年提高10%，实际提高了12%，则该公司的劳动生产率的计划完成程度为__________。

9. 数值大小与现象发展程度或密度成__________的强度相对指标叫__________指标；与现象发展程度或密度成__________的强度相对指标叫__________指标。

10. 总体中的男性人口数与女性人口数之比是__________相对指标；男性人口数与人口总数之比是____________相对指标；人口总数与相应国土面积之比是____________相对指标；两个国家间的人口数之比是____________相对指标；两个不同时期的人口数之比是__________相对指标。

11. 所谓可比性，是指相对指标的分子指标与分母指标的____________、____________、____________、____________、____________、____________等要求一致。

12. 某地区今年的财政收入为2800亿元，从反映现象的时间状态上看，该指标是____________；从说明现象总体的内容上看，该指标是____________。

三、单项选择题

1. 相对指标的数值一般会(　　)。

①随研究范围的扩大而增加　　②随研究范围的扩大而减少

③与研究范围的大小无直接关系　　④以上说法都不对

2. 在研究某地区学校的情况时，学校数量（A)、教职工人数（B)、学生人数（C）和学生性别结构（D）等指标中(　　)。

①ABC都是总体单位总量

②A是总体单位总量，B、C是总体标志总量

③ABC都是总体标志总量

④B是总体单位总量，A、C是总体标志总量

⑤ABCD都是总体标志总量

3. 在研究某公司职工的工资情况时，得知该公司的职工人数为2000人，其中：男职工为1300人，女职工为700人，职工的月平均工资为6860元。则总体单位总量

为(　　)。

①2000　　②1300

③700　　④6860

4. 时期指标与时点指标数值的大小一般与时期或时间间隔长短(　　)。

①前者有关　　②后者有关

③前者有关后者无关　　④前者无关后者有关

⑤两者都有关

5. 相对指标是(　　)。

①两个有联系的总量指标之比　　②两个有联系指标的比值

③任意两个指标的比率　　④两个有联系的相对数或平均数之比

6. 可用有名数表现的相对数是(　　)。

①比例相对数　　②结构相对数

③比较相对数　　④强度相对数

⑤计划完成相对数　　⑥动态相对数

7. 计划完成程度相对指标(　　)。

①都是大于100%算是超额完成计划

②都是小于100%算是超额完成计划

③是大于100%还是小于100%算超额完成计划应根据现象的性质方面来确定

④多数情况下是大于100%算完成计划

8. 某商店计划规定本年费用水平比上年下降4%，实际下降了6%，则该商店费用水平计划完成程度为(　　)。

①150%　　②97.92%

③102.12%　　④101.9%

⑤98.1%　　⑥66.7%

9. 用水平法检查中长期计划完成情况时(　　)。

①只要是一个日历年度的实际完成数达到计划末年水平，就算完成计划

②只要连续12个月即一年时间实际完成数达到了计划末年水平，就算完成计划

③只要从计划期开始到某一时期止的累计实际完成数达到计划规定的累计数，就算完成计划

④只要计划期累计实际完成数达到计划末年水平，就算完成计划

10. 本年出生婴儿中，男性占51.2%，女性占48.8%，这是(　　)。

①比例相对数　　②结构相对数

③比较相对数　　④强度相对数

11. 将某地区粮食总产量与其平均人口数相比得到的人均粮食占有量指标是(　　)。

①统计平均数　　②结构相对数

③比较相对数　　④强度相对数

12. 比较相对指标是(　　)。

①同类现象在不同空间上对比　　②同类现象在不同部分之间的对比

③同一现象的部分与总体的对比　　④有联系的不同现象间的相互对比

13. 具有广泛综合能力的统计指标是(　　)。

①数量指标　　②质量指标

③实物指标　　④价值指标

14. 分子与分母不能颠倒的相对指标是(　　)。

①比例相对数　　②结构相对数

③比较相对数　　④强度相对数

15. 正确计算和应用相对指标的前提条件是(　　)。

①正确选择对比基数　　②严格保持分子、分母的可比性

③相对数应与总量指标结合应用　　④分子、分母必须同类

四、多项选择题

1. 由于研究目的的变化，总体单位总量和总体标志总量不是固定不变的，所以(　　)。

①总体单位总量有可能转化为总体标志总量

②总体标志总量有可能转化为总体单位总量

③只能是总体单位总量转化为总体标志总量

④只能是总体标志总量有可能转化为总体单位总量

2. 总量指标(　　)。

①是反映现象在具体时间、空间条件下的总规模或总水平的指标

②可以表现为相对水平或平均水平

③可以表现为总量之间的绝对差额

④是认识现象总体特征的起点

⑤是计算相对指标或平均指标的基础

3. 下列指标中属于时期指标的有(　　)。

①全年出生人数　　②固定资产价值

③耕地面积　　④全国中等专业学校数量

⑤商品销售额　　⑥农作物播种面积

4. 下列指标属于时点指标的有(　　)。

①年末人口总数　　②钢材库存量

③粮食产量　　④高等学校招生人数

⑤工业增加值　　⑥农业机械拥有量

5. 总量指标的计量单位可以是(　　)。

①自然单位　　②货币单位

③度量衡单位　　④复合单位

⑤双重单位　　⑥标准实物单位

⑦劳动量单位

6. 我国于 2020 年 11 月 1 日零时进行了第七次人口普查，总人口为 141178 万人。这是一个(　　)。

①总量指标　　②相对指标
③时期指标　　④时点指标
⑤质量指标　　⑥数量指标

7. 我国于2020年11月1日进行了第七次人口普查，全国的人口数为141178万人，比2010年第六次人口普查时的133972万人增加了7206万人，年均增长率为0.53%。这些数字中有(　　　)。

①总量指标　　②相对指标
③时期指标　　④时点指标
⑤质量指标　　⑥数量指标

8. 相对指标(　　　)。

①是两个有联系指标的比率　　②一般都是质量指标
③都是综合指标　　④是以母项为基础的抽象化指标
⑤只能用系数或倍数或成数或百分数或千分数表示

9. 某企业计划规定本年全员劳动生产率比上年提高10%，实际提高了14%，则(　　　)。

①计划完成程度为103.64%　　②计划完成程度为96.5%
③超额完成计划3.64%　　④差3.5%完成计划
⑤实际比计划提高了4个百分点　　⑥实际比计划多提高4%

10. 强度相对指标(　　　)。

①是同一时期两个具有联系但性质不同的总量指标之比
②多数情况下用有名数表示
③反映某一现象在另一现象中发展的密度、强度或分布的普遍程度
④带有平均意义，是一种特殊的平均数
⑤某些指标有正指标和逆指标之分

11. 甲企业与乙企业2022年的利润分别为50万元和60万元，甲企业2023年的利润为60万元，则(　　　)。

①比较相对数为83.33%　　②比较相对数为120%
③动态相对数为120%　　④甲、乙两企业利润发展速度为120%
⑤甲、乙两企业利润发展速度为100%

12. 相对指标中子项与母项可以互换的有(　　　)。

①计划完成相对指标　　②结构相对指标
③比较相对指标　　④强度相对指标
⑤比例相对指标　　⑥动态相对指标

13. 总量指标与相对指标之间的关系表现为(　　　)。

①总量指标是计算相对指标的基础　　②相对指标能补充总量指标的不足
③相对指标可表明总量指标之间的关系　　④相对指标要与总量指标相结合应用
⑤总量指标和相对指标都是综合指标

14. 下列指标中属于结构相对数的是(　　　)。

①某学校的男生人数占了该校学生总人数的62%

②某学校的男职工人数是女职工人数的2倍

③某学校某课程统考的不及格率为5%

④某学校今年秋季的招生人数占了该校在校人数的31%

五、判断题

1. 综合指标的大小随总体范围的增大而增大。（ ）

2. 所有的统计指标都是综合指标。（ ）

3. 两个不同时间或空间条件下的某总量指标相减的差数不是总量指标，而是相对指标。（ ）

4. 对于一个确定的总体而言，其总体单位总量是唯一的，而其总体标志总量则可以有许多个。（ ）

5. 同一总体中时期指标数值的大小与时期长短成正比，时点指标数值的大小与时点间隔长短没有直接关系。（ ）

6. 只要本期某指标的实际完成数等于或大于其计划任务数，就意味着完成或超额完成了计划任务。（ ）

7. 结构相对数一般用百分数表示，其分子和分母一般也只能是时期指标。（ ）

8. 结构相对数只能在分组的基础上计算，且分子和分母的位置不能互换。（ ）

9. 总量指标也能用复合单位计量。（ ）

10. 总体单位总量有可能变化为总体标志总量。（ ）

11. 计划执行进度指标也可以属于计划完成相对数。（ ）

12. 用来计算比较相对数的指标既可以是数量指标，也可以是质量指标。（ ）

13. 两个不同总体的总体单位总量相比是比较相对数。（ ）

14. 若几个指标的条件不完全相同，那么它们之间就没有可比性。（ ）

15. 计划完成相对数、强度相对数等都是质量指标。（ ）

六、简答题

1. 什么是总量指标？它有何作用？

2. 简述相对指标的意义。

3. 相对指标为什么要与总量指标结合应用?

七、计算题

1. 某公司2023年计划实现利润1500万元，比上年增长25%，实际超额10%完成计划任务，问2023年的实际利润达到多少万元？实际比上年增长百分之几？

2. 某公司2023年的有关资料见表4－1：

表4－1

季　度	利润（万元）		本季止累计实际利润（万元）	本季实际利润完成计划（%）	累计利润完成全年计划（%）
	计划	实际			
第一季度	120	105			
第二季度	140	120			
第三季度	150	150			
第四季度	160				
全年合计	570				

要求：

（1）试根据表中资料计算、填列表中所缺数字。

（2）根据第三季度累计完成计划的情况，分析计划执行进度，并对该公司能否完成全年利润计划进行简要分析。

3. 某公司“十四五”期间计划某产品2025年的产量应达到100万吨，其实际资料见表4-2：

表4-2

时间	第一年	第二年	第三年	第四年				第五年			
				一季度	二季度	三季度	四季度	一季度	二季度	三季度	四季度
产量（万吨）	83	85	89	20	22	23	25	25	27	30	31

要求：计算该公司此产品产量的五年计划完成程度及提前完成计划的时间。

4. 某地区“十四五”期间计划五年造林总面积要达到500万亩，其实际资料见表4-3：

表4-3

时间	2021年	2022年	2023年	2024年	2025年
造林面积（万亩）	100	120	130	150	160

要求：计算该地区造林面积的五年计划完成程度及提前完成计划的时间。

5. 某公司所属三个企业2023年上半年的有关资料见表4－4：

表4－4

企业名称	第一季度销售额（万元）	第二季度					第二季度销售额与第一季度销售额之比（%）
		销售额（万元）		销售额比重（%）		销售计划完成程度（%）	
		计划	实际	计划	实际		
甲	460	570	（ ）	（ ）	（ ）	（ ）	130
乙	810	860	（ ）	（ ）	（ ）	120	（ ）
丙	230	（ ）	250	15	（ ）	（ ）	（ ）
合计							
指标种类	总量指标						

要求：

（1）根据表中资料计算填列所缺数字。

（2）说明各栏指标属于何种指标。

(二) 平 均 指 标

一、名词解释

1. 平均指标

2. 调和平均数

3. 中位数

4. 众数

二、填空题

1. 平均指标是反映同质总体在一定时空条件下各单位__________一般水平的综合指标，其特点可概括为__________、__________。

2. 算术平均数是__________与__________之商。

3. 平均指标按其计算方法与用途不同，可分为__________、__________、__________、__________和__________等五种。凡根据所有单位的标志值计算的平均数，称为__________，它包括__________、__________和__________；凡根据标志值所处的位置而确定的平均数，称为__________，它包括__________和__________。

4. 算术平均数分为简单算术平均数和加权算术平均数，其中加权算术平均数的权数既可以是__________，也可以是__________。

5. 加权算术平均数转化为简单算术平均数的条件是__________，如果用符号表示，则为__________。

6. 在 X 取值一定的条件下，算术平均数的大小只受__________的影响；在总次数一定的条件下，分配在变量值较大组的次数__________，平均数的值偏大；分配在变量值较小的组的次数________，平均数的值偏小。

7. 算术平均数有两个重要的数学性质，如果用数学公式表示，则为：____________和____________。

8. 调和平均数是____________________________。在社会经济统计中，调和平均数主要是作为____________的变形使用。

9. 在同质总体中，各单位的标志值都增加4.28个单位，那么平均数的数值将__________；如果各单位的标志值均缩小0.17倍，那么平均数的数值将__________。

10. 加权算术平均数计算公式 $\bar{x}=\sum x\cdot\frac{f}{\sum f}$ 的权数是____________；利用组距数列计算加权算术平均数时，要以各组的____________为代表性数值进行计算，其计算结果只是一个____________。加权调和平均数计算公式 $\bar{x}_H=\frac{\sum M}{\sum\frac{1}{x}M}$ 的权数是____________。

11. 中位数是总体各单位的标志值按大小顺序排列后位于_____________________的标志值，它是一个__________平均数。在单项式变量数列中，当变量值的个数（n）为奇数时，中位数的位置在第__________项上；当变量值的个数（n）为偶数时，中位数的位置在第__________项上。

12. 众数是变量数列中__________出现最多的标志值，它不受____________的影响。

13. 凡各变量值的和等于总体标志总量的，则应采用____________来计算其平均数；凡各变量值的积等于总体标志总量的，应用__________来计算其平均数。

14. 当变量的次数分布完全对称时，则算术平均数、众数和中位数的数量关系可用符号表示为____________________。

三、单项选择题

1. 平均指标是反映被研究现象某一数量标志的(　　)。

①基本水平　　②绝对水平

③相对水平　　④一般水平

2. 计算平均指标时，要求组成总体的各单位必须具有(　　)。

①大量性　　②同质性

③变异性　　④数量性

3. 加权算术平均数的大小(　　)。

①只受各组变量值大小的影响

②只受各组次数多少的影响

③同时受各组变量值的大小和次数多少的影响

④与各组变量值及次数均无关

4. 简单算术平均数作为加权算术平均数特例的条件是(　　)。

①各组权数不相等　　②各组权数相等

③各组标志值不相等　　④各组标志值相等

5. 在加权算术平均数的计算中，权数对平均数的影响取决于(　　)。

①各组变量值的大小　　②次数绝对值的大小

③各组次数所占比重的大小　　④变量值整体水平的高低

6. 总体中各变量值与其算术平均数离差的平方和为(　　)。

①零　　②最小值

③最大值　　④平均值

7. 总体中各个标志值都加上（或减去）某一常数所计算的平均数(　　)。

①与原平均数相等

②等于0

③减去（或加上）该常数后与原平均数相等

④加上（或减去）该常数后与原平均数相等

8. 若总体各单位的标志值都扩大3倍，而其次数却缩小3倍，则其平均数将(　　)。

①扩大3倍　　②扩大到3倍

③缩小3倍　　④缩小到3倍

9. 已知某公司几种主要电子产品的销售额及销售价格，要计算这几种电子产品平均零售价格，应采用(　　)。

①简单算术平均法　　②加权算术平均法

③简单调和平均法　　④加权调和平均法

⑤几何平均法

10. 由组距数列确定众数，如果众数所在组前一组和后一组的次数相等，则众数值(　　)。

①偏向上限　　②偏向下限

③为零　　④等于众数组组中值

11. 如果变量值中有一项为零，则不能计算(　　)。

①算术平均数和调和平均数　　②算术平均数和几何平均数

③调和平均数和几何平均数　　④众数和中位数

12. 中位数(　　)。

①是一个代表性数值　　②在一定条件下受极端数值影响

③应用范围最广　　④不受次数分布影响

四、多项选择题

1. 平均指标(　　　　)。

①是对总体各单位某一数量标志不同数值差异的抽象

②是对不同数量标志的平均

③按某一数量标志说明总体的一般水平

④是对任何一标志的标志表现的平均

⑤是总体各单位某一数量标志值的代表值

2. 直接将生产某种产品的工人一天生产的某产品数量相加后除以相应的工人人数，这样计算的指标是(　　　)。

①强度相对数　　②算术平均数
③平均指标　　④位置平均数
⑤简单算术平均数　　⑥加权算术平均数

3. 根据组距数列计算的算术平均数(　　　)。

①用组中值代表该组变量值有假定性
②用组中值代表该组变量值完全符合实际
③是一个近似的平均数
④是一个准确的平均数
⑤数列有开口组比无开口组的准确性更低

4. 加权算术平均数的大小(　　　)。

①受各组变量值大小的影响　　②受各组次数多少的影响
③随 X 的增大而增大　　④随 X 的减小而减小
⑤与分布次数多少成反比关系　　⑥与变量值大小成正比关系

5. 在计算算术平均数时，由于所掌握的资料不同，可采用的公式有(　　　)。

①$\bar{x}=\frac{\sum x}{n}$　　②$\bar{x}=\frac{\sum xf}{\sum f}$

③$\bar{x}=\sum x\frac{f}{\sum f}$　　④$\bar{x}=\sum x\frac{1}{\sum f}$

⑤$\bar{x}=\frac{\sum M}{\sum\frac{1}{x}M}$

6. 根据同一变量数列资料计算的算术平均数(　　　)。

①是否加权结果一样
②当 $f_I=f_{i+1}$ 时，是否加权结果一样
③当 $f_I\neq f_{i-1}$ 时，必须加权
④当 $f_I\neq f_{i+1}$ 时，是否加权结果不一样
⑤当 $f_I=f_{i-1}$ 时，必须加权

7. 易受极端变量值影响的平均指标是(　　　)。

①算术平均数　　②调和平均数
③几何平均数　　④众数
⑤中位数

8. 当变量呈钟型分布时，算术平均数（$\bar{x}$）、中位数（M_e）和众数（M_o）的关系是(　　　)。

①对称的钟型分布中：$M_e=M_o=\bar{x}$　　②左偏的钟型分布中：$M_o<M_e<\bar{x}$
③左偏的钟型分布中：$M_o>M_e>\bar{x}$　　④右偏的钟型分布中：$M_e<M_o<\bar{x}$
⑤右偏的钟型分布中：$M_e>M_o>\bar{x}$

9. 众数和中位数(　　　)。

①都是平均数 ②都是代表值
③都不是平均数 ④都不是代表值
⑤都受极端变量值的影响 ⑥都不受极端变量值的影响

10. 下列指标中属于平均指标的是( )。
①全员劳动生产率 ②工人劳动生产率
③人均粮食占有量 ④人均粮食消费量
⑤平均工资 ⑥人均国民收入
⑦某商品成交量最多的价格 ⑧居民家庭收入的中位数

五、判断题

1. 权数对加权算术平均数的影响取决于总体单位数的多少。 ( )
2. 利用组中值计算的平均数是一个精确的数值。 ( )
3. 在未分组的偶数项数列中，中位数是难以确定的。 ( )
4. 由加权算术平均数公式可知，算术平均数与各组变量值的大小成正比。 ( )
5. 现象总体中当变量值的连乘积等于总比率或总速度时，则宜用几何平均法计算其平均数。 ( )
6. 当数列中的总体单位数不多时，或单位数虽然较多但无明显集中趋势时，则不宜计算众数。 ( )
7. 中位数与众数均不受极值影响。 ( )
8. 算术平均数易受极大值影响，而调和平均数易受极小值影响。 ( )
9. 虽然算术平均数、调和平均数、几何平均数公式中的权数的含义不完全相同，但其作用是相同的。 ( )
10. 当变量的次数分布完全对称时，则：$M_e = M_o = \bar{x}$ ( )
11. 简单算术平均数实际上是权数为 1 的加权算术平均数。 ( )
12. 总体中各组的平均数值大的，其总平均数一定也大。 ( )

六、简答题

1. 什么叫权数？它是如何影响平均数变化的？

2. 计算和运用平均指标应注意哪些问题？

七、计算题

1. 某公司职工的基础工资资料见表4－5：

表4－5

按月基础工资分组（元）	职工人数（人）	各组职工人数所占比重（%）
2500以下	100	9.43
2500～3000	250	23.59
3000～3500	360	33.96
3500～4000	200	18.87
4000以上	150	14.15
合　计	1060	100

要求：

（1）以职工人数为权数，计算该公司职工的月平均基础工资水平。

（2）以职工人数比重为权数，计算该公司职工的月平均基础工资水平。

2. 某地区100个工业企业的利润计划完成程度资料见表4－6：

表4－6

按计划完成程度分组（%）	企业个数（个）	实际利润额（万元）	计　算　栏	
80～90	12	400		
90～100	18	1160		
100～110	40	8800		
110～120	20	3700		
120以上	10	2300		
合　　计	100	16360		

要求：

（1）计算每个企业的平均实际利润与平均计划利润额。

（2）计算平均利润计划完成程度。

3. 两个茶叶商店某种茶叶的销售资料见表4－7：

表4－7

茶叶等级	价格（元/斤）	销售额（万元）		计　算　栏			
		甲商店	乙商店				
一级	120	360	480				
二级	80	640	800				
三级	30	240	420				
合　计		1240	1700				

要求：

(1) 计算两个茶叶商店已售茶叶的平均等级各为多少?

(2) 计算两个茶叶商店已售茶叶的平均价格各为多少? 两者为何不同?

4. 某厂生产产品需要依次经过四道工序，加工一批产品的资料见表4-8：

表4-8

工　序	1	2	3	4
投入件数（件）	300	296	294	294
产品合格品件数（件）	296	294	294	290

要求：试计算各道工序的平均合格率。

5. 某企业的某班组工人生产某零件的有关资料见表4-9：

表4-9

日产量（个）	5	6	7	8	9	10
工人人数（人）	8	15	39	33	22	8

要求：试根据表4-9所列资料计算众数与中位数。

6. 现从某储蓄所随机抽取100户进行存款情况的调查，得到的分组资料见表4－10：

表4－10

按储蓄额分组（万元）	户数（户）	计 算 栏		
20以下	3			
20～40	15			
40～60	18			
60～80	45			
80～100	10			
100～120	8			
120以上	1			
合 计	100			

要求：

（1）根据表4－10资料计算众数。

（2）根据表4－10资料计算中位数。

（三）标志变异指标

一、名词解释

1. 标志变异指标

2. 极差

3. 平均差

4. 标准差

二、填空题

1. ______________反映总体各单位标志值的集中趋势；______________反映总体各单位标志值的离散趋势。

2. 标志变异指标是衡量______________的尺度；同时也可以用来反映社会生产和其他社会经济活动过程的____________、____________和____________等。

3. 标志变异指标越大，平均指标的代表性就越________；标志变异指标越小，平均指标的代表性________；当总体各单位的标志值相等时，标志变异指标为________。

4. 测定标志变异程度的指标有______________、______________、______________和__________________等。其中，最常用的指标是__________________，相对数形式的指标是______________。

5. 计算平均差时，其离差之所以要取绝对值，是因为______________________。

6. 标准差也称为______________，其平方称为______________。计算标准差的简单公式为________________；加权公式为____________________。

7. 对比分析不同水平的变量数列之间标志变异程度时，必须计算____________。

8. 常用的标志变动系数指标是____________，其计算公式为____________。

9. 平均数、全距、平均差和标准差的计量单位都与____________的计量单位一致。

10. 平均指标的分析不仅要求以__________________补充说明总平均数，而且要以____________补充说明平均指标。

11. 已知总体平均数为15，各标志值平方的平均数为250，则方差为____________。

12. 标准差越大，说明各标志值分布______________，标准差越小，说明各标志值分布______________。

三、单项选择题

1. 不能全面反映总体各单位标志值变异程度的标志变异指标是(　　)。

①全距　　②平均差

③标准差　　④标准差系数

2. 平均差与标准差计算公式中的平均数是(　　)。

①算术平均数　　②调和平均数

③几何平均数　　④中位数

⑤众数

3. 标准差与平均差的根本区别是(　　)。

①意义不同　　②作用不同

③数学处理方法不同　　④计算结果不同

4. 已知总体平均数为1500，标准差系数为0.05，则方差为(　　)。

①75　　②150

③5625　　④225

5. 计算平均差时，离差取绝对值是为(　　)。

①便于运算　　②有意识加大离差

③突出标志变动的程度　　④防止正负离差抵消

6. 在标志变异指标中，能相对反映总体各单位数量标志变异程度的指标是(　　)。

①平均数　　②全距

③平均差　　④标准差

⑤离散系数

7. 下列指标中用无名数表示的是(　　)。

①平均数　　②全距

③平均差　　④标准差

⑤离散系数

8. 平均差与标准差的相同点是(　　)。

①把所有变量值都考虑在内　　②总体单位数不同

③计算方法相同　　④反映总体分布的集中趋势

9. 标准差系数抽象化了(　　)。

①总体指标数值多少的影响　　②总体单位数多少的影响

③标志变异度的影响　　④平均数大小的影响

10. 甲、乙两生产小组人均月工资分别为8000元和8500元，其标准差均为680元，则两小组人均工资的代表性(　　)。

①甲 > 乙　　②甲 = 乙　　③甲 < 乙　　④难以判断

四、多项选择题

1. 平均指标与标志变异指标，(　　　)。

①前者反映标志数值的一般水平，后者反映标志数值的差异程度

②前者是评价事物的基础

③后者是评价事物的基础

④后者是评价前者代表性的尺度

⑤前者反映其离散程度，后者反映变量分布的集中趋势

2. 全距指标(　　　)。

①能反映变量变动的范围　　②能全面反映标志数值差异的程度

③未全面反映标志数值差异的程度　　④不能算标志变异指标

⑤计算简便

3. 用全距反映被研究标志的变动程度(　　　)。

①与总体各单位的分配无关　　②只考虑到总体中最大标志值和最小标志值

③取决于总体的平均水平　　④较全面地说明了各标志值的变动程度

⑤与中间各项标志值的大小无关

4. 在平均差的计算公式中，各单位的标志值与其算术平均数之差之所以要取绝对值，是因为(　　　)。

①$\Sigma|x-\bar{x}|=0$　　②$\Sigma|x-\bar{x}|f=0$

③$\Sigma(x-\bar{x})=0$　　④$\Sigma(x-\bar{x})f=0$

⑤$\Sigma(x-\bar{x})^2=\min$　　⑥$\Sigma(x-\bar{x})^2f=\min$

5. 标准差指标(　　　)。

①全面反映了各单位标志值差异的程度

②其数值大小与变量值水平无关

③其数学处理方法既适合代数演算又增加了自身的灵敏度

④其数学处理方法增加了自身的灵敏度，但不适应代数演算

6. 离散系数的重要作用在于(　　　)。

①测定平均数的代表性　　②测定变量值的离散性

③比较同类事物发展的均衡性　　④检查生产过程的稳定性

⑤消除不同变量数列水平差异的影响

7. 甲、乙两数列的平均数相同，但甲的全距较乙的大，则在一般情况下(　　　)。

①甲的平均差较乙的大　　②甲的标准差较乙的大

③甲的离散系数较乙的大　　　　④甲的方差较乙的小
⑤甲的平均数代表性较乙的小

8. 能全面反映总体各单位标志值差异程度的指标有(　　　)。
①平均数　　　　②全距
③平均差　　　　④标准差
⑤全距系数　　　　⑥标准差系数

9. 用组平均数补充说明总平均数有利于(　　　)。
①更全面真实地了解现象的一般水平
②了解总体中性质不同部分一般水平的差异
③揭示被总平均数所掩盖的总体结构的差异
④分析现象的密度、强度和普遍程度
⑤抵消总平均指标的作用

10. 利用标准差系数比较两个总体现象平均数代表性大小，适用于以下情况(　　　)。
①两者的平均数相等　　　　②两者的平均数不等
③两个平均数所反映的现象不同　　　　④两个平均数的计量单位不同

五、判断题

1. 平均指标代表性大小与其标志变异指标的大小相同。(　　)
2. 平均差的计算一般是以众数为中心的。(　　)
3. 全距是总体中最大的变量与最小的变量之差。(　　)
4. 直接用标准差比较两个或两个以上同类现象平均数代表性大小的条件是这些现象的平均数相等。(　　)
5. 变量值完全相同的两个组距式变量数列，它们的标准差也一定相等。(　　)
6. 如果两个变量数列的标准差相等，则它们的平均数的代表性也一定相同。(　　)
7. 总体中各标志值之间的差异程度越大，标准差系数就越小。(　　)
8. 两总体中，组平均水平高的，其总体平均水平也一定高。(　　)
9. 变异指标必须在平均指标分析的基础上进一步说明问题，否则，无意义。(　　)
10. 平均差与标准差都表示各标志值对其算术平均数的平均距离。(　　)
11. 两个数列的标准差不能简单进行对比，是因为它们的总体单位数不相同。(　　)
12. 平均差实质上是一个平均数。(　　)

六、简答题

1. 标志变异指标有何作用？它与平均指标有何关系？

2. 什么要用组平均数来补充说明总平均数？试举例说明。

七、计算题

1. 甲、乙两村各10个生产小组，其今年种植水稻的单产资料见表4-11：

表4-11　　单位：斤

村＼组	1	2	3	4	5	6	7	8	9	10
甲村	700	800	570	640	750	700	820	600	760	670
乙村	680	660	750	840	480	560	800	500	820	780

要求：

（1）计算两村水稻的平均单产水平和标志变异指标。

①平均单产水平

②全距

③平均差

④标准差

（2）比较两村水稻平均单产水平代表性的强弱。

2. 已知甲公司职工的月平均工资为8000元，其标准差为1200元；乙公司职工的月工资资料见表4－12：

表4－12

按月工资额分组（元）	职工人数（人）	计算栏			
		组中值			
5000以下	4				
5000～6000	13				
6000～7000	25				
7000～8000	40				
8000～9000	32				
9000～10000	6				
10000以上	3				
合　计					

要求：

（1）计算乙公司职工的月平均工资额和标准差。

（2）比较两公司职工月平均工资的代表性强弱。

3. 两个企业生产同种产品的有关资料见表 4 – 13：

表 4 – 13

按劳动生产率分组（件/人）	甲企业各组产量（件）	乙企业各组人数所占比重（%）	计　算　栏				
50 以下	1485	14					
50 ~ 60	2035	22					
60 ~ 70	3055	28					
70 ~ 80	2400	20					
80 以上	1105	16					
合　　计							

要求：

（1）分别计算两个企业职工的平均劳动生产率。

（2）比较两个企业职工平均劳动生产率代表性的强弱。

4. 某地区计划推广甲、乙两种水稻新品种，推广前分别在四块田上进行了试种，其产量资料见表 4－14：

表 4－14

甲品种		乙品种		计算栏			
				甲品种		乙品种	
田块面积（亩）	产量（公斤）	田块面积（亩）	产量（公斤）				
4	1400	6	3000				
8	3200	9	4320				
15	8250	3	1200				
3	1350	2	1200				

要求：在生产条件相同的条件下，试分别计算两种水稻新品种的平均亩产量，并确定哪一水稻品种的产量有较大的稳定性和推广价值，为什么？

5. 甲、乙两村的粮食产量资料见表4－15：

表4－15

	甲村		乙村		计算栏			
					甲村		乙村	
	播种面积（亩）	总产量（斤）	播种面积（亩）	总产量（斤）				
旱地	240	98400	180	68400				
半旱地	130	72800	120	62400				
水田	150	126000	210	170100				
合计	520	297200	510	300900				

要求：

（1）分别计算甲、乙两村旱地、半旱地和水田的平均亩产量。

（2）用“组平均数补充说明总平均数”的原理和方法，比较分析两村粮食生产状况。

第五章
动 态 数 列

（一）动态数列的水平指标

一、名词解释

1. 动态数列

2. 发展水平

3. 序时平均数

4. 增长量

二、填空题

1. 动态数列是将说明现象总体的指标按时间先后顺序排列而形成的数列，故又称为__________，它由__________和__________两个要素构成。

2. 编制动态数列的主要作用是：描述现象的__________、计算__________、研究现象的__________，并可利用它对现象的未来情况进行__________。

3. 动态数列按其所列统计指标的形式不同分为________________、________________和________________。

4. 绝对数动态数列按其反映现象所属的时间状态不同可分为____________和____________两种。

5. 动态数列的分析指标可以分为____________和____________两大类。

6. 动态数列中的各项指标称为__________。把所研究的动态数列视为整体，计算出的反映各期数值一般水平的综合指标称为____________。

7. 动态数列的水平指标有_________、_________、_________和_________等；动态数列的速度指标有_________、_________和_________等。

8. 发展水平按其在数列中的位置不同分为____________、____________和____________。

9. 平均发展水平又称为____________，它可以由__________动态数列计算，也可以由____________或__________动态数列计算。

10. 由时期数列或间隔相等的连续时点数列计算序时平均数，应用公式_________；由间隔不等的时点数列计算序时平均数，应用公式______________________。

11. 由相对数或平均数动态数列计算序时平均数的基本公式是____________。

12. 增长量指标可以是_______值，表示___________，也可以是_______值，表示____________；由于比较的基期不同它可以分为_______增长量和_______增长量，各_______增长量的算术平均数就是平均增长量。

三、单项选择题

1. 动态数列可以分为(　　)。

①时期数列和时点数列

②绝对数动态数列、相对数动态数列和平均数动态数列

③总量指标动态数列和平均指标动态数列

④时间数列和分配数列

2. 最基本的动态数列是(　　)。

①绝对数动态数列　　②相对数动态数列

③平均数动态数列　　④时点数列

⑤时期数列

3. 历年的物资库存额动态数列是(　　)。

①时期数列　　②时点数列

③平均数动态数列　　④相对数动态数列

4. 2015—2020年的我国人均粮食占有量动态数列是(　　)。

①时点数列　　②时期数列

③相对数动态数列　　④平均数动态数列

5. 动态数列中各项指标数值之和有独立经济意义的是(　　)。

①绝对数动态数列　　②平均数动态数列

③时期数列　　④时点数列

6. 由间隔不等的时点数列计算序时平均数，用以进行加权的权数为(　　)。

①时期长度　　②时点长度

③间隔长度　　④指标值项数

7. 由间隔相等的间断时点数列计算序时平均数的公式是(　　)。

①$\bar{a}=\frac{\sum a}{n}$　　②$\bar{a}=\frac{\frac{1}{2}a_1+a_2+\cdots+a_{n-1}+\frac{1}{2}a_n}{n-1}$

③$\bar{a}=\frac{\sum af}{\sum f}$　　④$\bar{a}=\frac{\frac{a_1+a_2}{2}f_1+\frac{a_2+a_3}{2}f_2+\cdots+\frac{a_{n-1}+a_n}{2}f_{n-1}}{f_1+f_2+\cdots+f_{n-1}}$

8. 由相对数或平均数动态数列计算序时平均数的基本公式是(　　)。

①$\bar{c}=\frac{\sum a}{\sum b}$　　②$\bar{c}=\frac{\bar{a}}{\bar{b}}$

③$\bar{c}=\frac{\sum c}{n}$　　④$\bar{c}=\frac{\sum bc}{\sum b}$

9. 计算动态分析指标的基础指标是(　　)。

①总量指标　　②相对指标

③平均指标　　④发展水平

10. 累积增长量等于(　　)。

①报告期水平与基期水平之差

②报告期水平与前一期水平之差

③报告期水平与某一固定基期水平之差

④逐期增长量之差

四、多项选择题

1. 编制动态数列的要求有(　　　)。

①时间长短一般应相等　　②总体范围应该一致

③指标的性质和内容要相同　　④计算方法应该一致

⑤计算价格和计量单位要统一

2. 各项指标值不能直接相加的动态数列有(　　　)。

①时期数列　　②时点数列

③相对数数列　　④平均数数列

⑤变量数列

3. 时期数列的特点有(　　　)。

①指标数值具有可加性　　②指标数值不能直接相加

③指标数值通过连续登记加总取得　　④指标数值只能间断计量

⑤指标数值的大小与时间长短有直接关系

4. 以下数列属于时点数列的有(　　　　)。

①历年银行储蓄存款余额　②历年销售额与利润

③各月末职工人数　④各月商品销售量

⑤历年粮食库存量　⑥历年人口总数

5. 我国的历年国民生产总值数列是(　　　　)。

①动态数列　②绝对数动态数列

③相对数动态数列　④时期数列

⑤平均数数列　⑥时点数列

6. 发展水平指标(　　　　)。

①是现象在各个时间上达到的规模或水平

②泛指动态数列中的各项指标数值

③只能是总量指标或统计绝对数

④可以是绝对水平，也可以是相对水平或平均水平

⑤一般用“发展到”“增长到”“降低到”等字眼表示

7. 平均发展水平(　　　　)。

①又称序时平均数

②是现象在不同时期发展水平的平均数

③是同一动态数列各项指标值的平均数

④是各期发展水平的算术平均数

⑤说明某一现象的总量在不同时间上变化的一般水平

⑥包括平均发展速度和平均增长速度

8. 由绝对数动态数列计算序时平均数可供选择的公式有(　　　　)。

①$\bar{a}=\frac{\sum a}{n}$　②$\bar{a}=\frac{\frac{1}{2}a_1+a_2+\cdots+a_{n-1}+\frac{1}{2}a_n}{n-1}$

③$\bar{a}=\frac{\sum af}{\sum f}$　④$\bar{a}=\frac{\frac{a_1+a_2}{2}f_1+\frac{a_2+a_3}{2}f_2+\cdots+\frac{a_{n-1}+a_n}{2}f_{n-1}}{f_1+f_2+\cdots+f_{n-1}}$

⑤$\bar{a}=\frac{\sum bc}{\sum b}$

9. 由两个时期指标对比而组成的相对数或平均数动态数列计算序时平均数(　　　　)。

①只能用公式 $\bar{c}=\frac{\bar{a}}{\bar{b}}$

②应该用公式 $\bar{c}=\frac{\sum c}{n}$

③应遵循 $\bar{c}=\frac{\bar{a}}{\bar{b}}$ 的原则，视资料情况采用相适应的具体公式

④子项、母项齐全可用公式 $\bar{c}=\frac{\sum a}{\sum b}$

⑤缺子项资料公式 $\bar{c}=\frac{\sum bc}{\sum b}$

10. 已知某地区2016—2020年的人口数（万人）分别为3560、3716、4002、4347、4679，则可计算出(　　　　)。

①2017年逐期增长量为156万人　　　　②2020年的逐期增长量为332万人

③2017年的累积增长量为156万人　　　④2020年的累积增长量为1119万人

⑤2016—2020年的年平均增长量为279.75万人

⑥2016年的逐期增长量和累积增长量均为零

五、判断题

1. 编制动态数列，就是为了反映社会经济现象的发展过程。（　　）

2. 在动态数列中，报告期水平与基础水平的确定总是与一定的研究目的和任务相联系的。（　　）

3. 动态数列中的基础水平就是最初水平。（　　）

4. 编制时点数列时，各项指标的间隔长短必须保持一致。（　　）

5. 发展水平可以是总量指标，也可以是相对指标或平均指标。（　　）

6. 动态数列中各期发展水平的算术和就是该现象在该时期内发展水平的总量。（　　）

7. 平均数动态数列可以由一般平均数组成，也可以由序时平均数组成。（　　）

8. 逐期增长量等于两个相邻的累计增长量之差。（　　）

9. 因增长量是时期指标，故平均增长量宜用简单算术平均法计算。（　　）

10. 因为逐期增长量之和等于累计增长量，所以累计增长量必大于各期的逐期增长量。（　　）

11. 现象的增长量大于零，说明现象的发展趋势良好。（　　）

12. 因为时点没有时期长度，所以时点数列的每个数字不受时期长短的影响。（　　）

六、简答题

1. 构成动态数列的基本要素有哪些？编制动态数列有什么作用？

2. 编制动态数列的主要原则有哪些？

3. 序时平均数与静态平均数（一般平均数）有何联系与区别？

七、计算题

1. 某新建工厂2023年职工人数变动情况见表5－1：

表5－1

时间	1月1日至25日	1月26日至4月8日	4月9日至7月15日	7月16日至10月11日	10月12日至11月4日	11月5日至12月底
每日在册人数（人）	130	137	145	150	160	168

要求：

（1）计算第一季度平均每日在册职工人数。

（2）计算上半年的平均每日在册职工人数。

（3）计算全年的平均每日在册职工人数。

2. 工商银行某储蓄所2023年上半年的居民储蓄存款资料见表5－2：

表5－2

月份	1	2	3	4	5	6	7
月初存款额（亿元）	300	280	250	320	350	400	380

要求：

（1）计算第一季度居民平均存款额。

（2）计算第二季度居民平均存款额。

（3）计算上半年居民平均存款额。

3. 某地区2023年生猪存栏头数资料见表5－3：

表5－3

时间	上年底	3月31日	5月1日	7月1日	11月30日	12月底
生猪存栏头数（万头）	15	13	17	18	20	21

要求：

（1）计算第一季度的生猪平均存栏头数。

（2）计算上半年的生猪平均存栏头数。

（3）计算全年的生猪平均存栏头数。

4. 某商场2023年3～6月的有关资料见表5－4：

表5－4

月份	3月	4月	5月	6月
月末商品库存额（亿元）	12	（　）	（　）	（　）
平均商品库存额（亿元）	13.5	14	15	15.5
商品销售额（亿元）	11.5	12	13	13.5

要求：

（1）计算4、5、6月各月末商品库存额。

(2) 计算第二季度的平均销售额。

(3) 计算第二季度的平均商品库存额及商品流转次数。
(注：商品流转次数 = 商品销售额/平均商品库存额。)

5. 某企业2023年第一季度各月份的利润计划完成情况见表5-5：

表5-5

月份	1月	2月	3月
实际实现利润额（万元）	15	14.5	18
计划完成程度（%）	103	99	107
计划利润额（万元）			

要求：计算第一季度的平均利润计划完成程度。

6. 某企业2023年上半年的职工人数和销售利润资料见表5-6：

表5-6

月份	1月	2月	3月	4月	5月	6月
月初职工人数（人）	410	417	420	423	424	427
销售利润（万元）	850	860	900	1000	1200	1300

又知该企业7月初的职工人数为432人，去年12月份的销售利润为640万元。

要求：

（1）计算2023年上半年的月平均职工人数。

（2）计算2023年上半年的月平均销售利润。

（3）计算2023年上半年的月平均劳动生产率。

（4）计算2023年上半年销售利润的月平均增长量。

（二）动态数列的速度指标与现象变动的趋势分析

一、名词解释

1. 发展速度

2. 增长速度

3. 长期趋势

4. 季节变动

二、填空题

1. 发展速度按采用的基期不同分为______和______，两者之间的数量关系是______。

2. 增长速度按采用增长量和对比的基期水平的不同分为______和______，两者之间______。

3. 增长速度与发展速度之间存在着内在的数量关系即______，当发展速度大于 1 时，增长速度为______值，表示现象的______，当发展速度小于 1 时，增长速度为______值，表示现象的______。

4. 平均速度包括______和______；______是各期环比发展速度的序时平均数，______是各期环比增长速度的序时平均数。

5. 计算平均发展速度的方法有______和______两种，其中______侧重考察现象发展的最末水平，______注重现象各期发展水平的累计总额。

6. 平均增长速度由＿＿＿＿＿＿＿求得，其值可正可负，为正时，表明现象在一段时期内＿＿＿＿＿＿＿，为负时，表明现象＿＿＿＿＿＿＿。

7. 已知某现象五期的环比增长速度分别为9%、8.7%、10.3%、7.8%、8.5%。则其平均增长速度为＿＿＿＿，定基发展速度为＿＿＿＿。

8. 某公司2000年的销售收入为7100万元，如果要实现到2020年翻两番的目标，则其年平均增长速度应达到＿＿＿＿；如果每年的平均增长速度达到9.68%，则只需到＿＿＿＿年就可实现翻两番的目标。

9. 如果动态数列中各期的逐期增长量大体相等，则可以配合＿＿＿＿＿＿＿模型。

10. 修匀动态数列测定长期趋势常用方法有＿＿＿＿＿＿＿、＿＿＿＿＿＿＿、＿＿＿＿＿＿＿和＿＿＿＿＿＿＿等；测定季节变动的指标是＿＿＿＿＿＿＿等。

11. 各月的季节比率之和应等于＿＿＿＿；各季的季节比率之和应等于＿＿＿＿。当季节比率大于1时，说明现象是＿＿＿＿季；小于1时，说明现象是＿＿＿＿季。

12. 循环波动是指现象变化发生＿＿＿＿＿＿＿的涨落起伏的变动；无规则波动是指现象＿＿＿＿＿＿＿＿＿＿＿＿＿的变动。

三、单项选择题

1. 如果已知各期的环比增长速度，则求总增长速度的方法是(　　)。

①将各期环比增长速度连乘

②将各期环比增长速度连加

③将各期环比增长速度还原为环比发展速度，然后连加，最后减去1或100%

④将各期环比增长速度还原为环比发展速度，然后连乘，最后减去1或100%

2. 增长1%的绝对值是(　　)。

①增长量与增长速度之比　　②逐期增长量与定基增长速度之比

③增长量与平均增长速度之比　　④增长量与发展速度之比

⑤前期水平除以100%

3. 某县的财政收入2020年较2015年增长了40%、2021年较2015年增长了52%，则2021年较2020年增长了(　　)。

①12%　　②11.6%

③12.85%　　④8.57%

⑤30%

4. 计算平均发展速度之所以采用几何法是因为(　　)。

①总速度等于各期环比发展速度的相加和

②总速度等于各期环比发展速度的连乘积

③总速度等于各期环比增长速度的相加和

④总速度等于各期环比增长速度的连乘积

5. 如果要侧重分析研究现象在各时期的发展水平的累计总和，则计算平均发展速度的方法应该是(　　)。

①算术平均法　　②调和平均法

③几何平均法　　　　④方程式法

6. 按水平法计算平均发展速度侧重考察现象发展的(　　)。

①最初水平　　　　②中间各期水平

③最末水平　　　　④各期发展水平的累计总和

7. 采用累计法计算平均发展速度时，若$\frac{\sum a}{a_0} \div n = 1$，则意味着现象(　　)。

①呈增长趋势　　　　②呈下降趋势

③呈水平发展趋势　　　　④难以判断

8. 平均增长速度等于平均发展速度(　　)。

①减 1 或 100%　　　　②加 1 或 100%

③加 100　　　　④减 100

9. 已知某地区“十三五”期间各年 *GDP* 的增长速度分别为 4%、3%、6%、12%、8%，则该地区“十三五”期间 *GDP* 的年平均增长速度为(　　)。

① $\sqrt[5]{4\% \times 3\% \times 6\% \times 12\% \times 8\%}$

② $(104\% + 103\% + 106\% + 112\% + 108\%)/5 - 1$

③ $(4\% + 3\% + 6\% + 12\% + 8\%)/5$

④ $\sqrt[5]{104\% \times 103\% \times 106\% \times 112\% \times 108\%} - 100\%$

10. 用移动平均法修匀动态数列，在确定平均的项数时(　　)。

①必须考虑现象有无周期性变动　　②不必考虑现象有无周期性变动

③可以考虑也可以不考虑周期性变动　　④平均的项数必须是奇数

四、多项选择题

1. 动态平均分析指标有(　　　　)。

①平均发展水平　　　　②平均增长量

③平均发展速度　　　　④平均增长速度

2. 发展水平、增长量、发展速度、增长速度之间的关系有(　　　　)。

①发展速度 = 基期水平 ÷ 报告期水平　　②增长速度 = 增长量 ÷ 基期水平

③增长速度 = 发展速度 - 1 或 100%　　④增长量 = 报告期水平 - 基期水平

⑤发展水平 = ∑增长量

3. 定基发展速度和环比发展速度的数量关系有(　　　　)。

①定基发展速度等于环比发展速度的连乘积

②定基发展速度的连乘积等于报告期环比发展速度

③两相邻的定基发展速度相除等于相应的环比发展速度

④定基发展速度减 1（或 100%）等于环比发展速度

⑤两相邻的环比发展速度相除等于定基发展速度

4. 某企业 2021 年的销售额为 50 万元，2022 年为 100 万元，则 2022 年的销售额比 2021 年(　　　　)。

①增长了 50%　　　　②增长了 100%

③增长了 50 万元　　④翻了一番

⑤翻了两番　　⑥增长了 1/2 倍

5. 平均发展速度是(　　　　)。

①各期环比发展速度的动态平均数　　②各期环比发展速度的算术平均数

③各期环比发展速度的几何平均数　　④各期环比发展速度的代表值

⑤最末水平与最初水平之比的 n 次方根

6. 计算平均发展速度可选用的公式有(　　　　)。

①$\bar{x} = \sqrt[n]{\prod x}$　　②$\bar{x} = \sqrt[n]{\frac{a_n}{a_0}}$

③$\bar{x} = \sqrt[n]{R}$　　④$\bar{x} = \frac{\sum x}{n}$

⑤$\bar{x} = \sqrt[\Sigma f]{x_1^{f_1} \cdot x_2^{f_2} \cdot \cdots \cdot x_n^{fn}}$　　⑥$x^{-1} + x^{-2} + \cdots + x^{-n} = \frac{\sum a}{a_0}$

7. 用几何平均法计算平均发展速度的要求有(　　　　)。

①各期的推算水平之和应等于其实际水平之和

②最末期的推算水平应等于其实际水平

③最末期推算的定基发展速度等于其实际的定基发展速度

④各期推算的环比发展速度分别等于其实际的环比发展速度

⑤各期推算的环比发展速度的连乘积等于其实际环比发展速度的连乘积

8. 用方程法求平均速度，要借助于《平均增长速度查对表》，(　　　　)。

①查表的依据是 $\sum a/a_0$ 和年数　　②查表的依据是（$\sum a/a_0$）÷ n 和年数

③当（$\sum a/a_0$）> n 时，查递增速度表　　④当（$\sum a/a_0$）< n 时，查递增速度表

⑤当（$\sum a/a_0$）> n 时，查递减速度表

9. 平均增长速度与平均发展速度(　　　　)。

①都是动态分析指标　　②都是动态平均指标

③都可用几何平均法或方程式法求得　　④都为正值

⑤平均发展速度大于 0 时，平均增长速度不一定大于 0

⑥平均发展速度等于平均增长速度加 1 或 100%

10. 如果动态数列各期逐期增长量大致相等，则(　　　　)。

①该动态数列可能呈直线增长趋势

②该动态数列可能呈直线下降趋势

③该动态数列可能呈曲线变化趋势

④该动态数列的环比增长速度不会稳定不变

五、判断题

1. 环比发展速度和定基发展速度是按对比的基期不同来划分的。(　　)

2. 某期的环比发展速度等于该期的定基发展速度除以前一期的定基发展速度。(　　)

3. 发展速度和增长速度其实是同一个问题的两种不同说法。 ( )

4. 定基增长速度等于各期环比增长速度的连乘积。 ( )

5. 若某现象的时间数列共有 n 项，则用水平法计算平均发展速度时一定要开 $n-1$ 次方。 ( )

6. 对同一资料按水平法和按方程式法计算的平均发展速度是相等的。 ( )

7. 若各期逐期增减量相等，则该动态数列环比增长速度呈下降趋势。 ( )

8. 用水平法计算的平均速度，实质上只反映了现象首、末期水平的变化。 ( )

9. 严格地讲，季节变动亦属无规则性的变化。 ( )

10. 若 $\sum a/a_0$ 除以时期数 n 的值大于 1，则说明现象呈递增发展的趋势。 ( )

六、简答题

1. 应用动态数列的水平指标和速度指标研究和分析社会经济现象时应注意哪些方面的问题？

2. 变量数列和动态数列有何不同？

七、计算题

1. 某地区 2015—2020 年的煤炭产量资料见表 5－7：

表5-7

年　份	2015	2016	2017	2018	2019	2020
煤炭产量（万吨）	140	157	174	180	200	216
逐年增长量（万吨）						
累计增长量（万吨）						
环比发展速度（%）						
定基发展速度（%）						
环比增长速度（%）						
定基增长速度（%）						
增长1%的绝对值（万吨）						

要求：

（1）计算表中的逐年增长量和累计增长量、环比发展速度和定基发展速度、环比增长速度和定基增长速度及增长1%的绝对值。

（2）计算"十三五"期间煤炭产量的累计增长量和平均增长量。

（3）计算"十三五"期间的年平均发展速度和平均增长速度。

2. 某公司有关资料见表5-8：

表5-8

年份	利润额（万元）	与上年比较的动态指标				定基发展速度（%）
		增长量（万元）	发展速度（%）	增长速度（%）	增长1%的绝对值（万元）	
2018	320					
2019		12				
2020			105			
2021				6.1		
2022						
2023		8			4.3	

要求：计算并填写表中的空缺数字。

3. 某地区 2015—2020 年国内生产总值的有关速度指标见表 5-9：

表 5-9

年份	2015	2016	2017	2018	2019	2020
环比增长速度（%）	—	6		8	9	
定基增长速度（%）	—		13.42			46.87

要求：

(1) 计算并填写表 5-9 中的空缺数字。

(2) 计算该地区“十三五”期间国内生产总值年平均增长速度。

(3) 如果该地区 2015 年国内生产总值为 110 亿元，试按此平均增长速度推算 2025 年该地区的国内生产总值。

4. 某市五年计划规定财政收入总共提高 40%，实际执行结果为：第一年比上年提高 4%，第二年比上年提高 6%，问后三年平均每年递增多少才能实现总的计划目标？如果五年计划的财政收入总共提高 64.16%，那么今后按上述后三年的平均增长速度发展，需要到哪一年才能实现此目标？

5. 某企业产品销售利润 2020 年比 2015 年增长了 100%，2022 年比 2017 年增长了 1.25 倍。问 2022 年比 2020 年增长了百分之几？“十三五”期间平均每年增长百分之几？如果 2020 年的产品销售利润为 3000 万元，2015 年和 2022 年的产品销售利润各是多少？如果“十四五”期间继续按“十三五”期间的速度增长，该企业 2025 年的产品销售利润为多少？

6. 某企业 2005—2020 年的利润增长速度资料见表 5－10：

表 5－10

年份	2005—2006 年	2007—2009 年	2010—2013 年	2014—2020 年
增长速度（%）	3	3.7	4.1	5.3

要求：计算该企业 2005—2020 年间年平均利润增长速度。

7. 某商场 2019—2022 年各月的毛线销售量资料见表 5－11：

表 5－11 单位：百公斤

月份＼年份	2019	2020	2021	2022	四年合计	月平均数	季节比率（%）
1	53	75	87	104			
2	40	63	75	98			
3	37	61	70	90			
4	33	54	66	81			
5	20	31	37	60			
6	11	18	22	37			
7	5	8	11	18			
8	10	15	20	34			

续表

年份 月份	2019	2020	2021	2022	四年合计	月平均数	季节比率（%）
9	37	45	60	66			
10	43	58	74	80			
11	60	73	85	103			
12	65	88	97	117			
合计							
平均							

要求：

（1）计算毛线销售量的季节比率。

（2）绘制季节变动曲线图。

季节变动曲线图

第六章 统计指数

（一）统计指数的编制

一、名词解释

1. 个体指数

2. 综合指数

3. 同度量因素

4. 平均法指数

二、填空题

1. 从广义上讲，凡是表明社会经济现象变动程度的____________，都可称为指数。

2. 指数的性质有____________、____________、____________和____________。

3. 统计指数按其研究对象的范围不同，可分为____________和____________；按其所反映现象的性质不同，可分为____________和____________。

4. 总指数的基本形式是__________，__________指数和__________指数只是它的变形。

5. 组（或类）指数是__________与__________相结合，介于__________与__________之间，用以说明总体中某一组（或类）社会经济现象变动情况的相对数。

6. 指数按其计算的形式不同分为__________和__________。

7. 编制综合指数时有两个要点：一是__________；二是__________。

8. 同度量因素在综合指数的计算中，既起__________的作用，又起__________的作用。

9. 一般地讲，在编制质量指标综合指数时，通常是以__________期的__________指标作同度量因素；在编制数量指标综合指数时，通常是以__________期的__________指标作同度量因素。

10. 平均法指数是从__________出发编制的总指数，通常作为__________的变形来使用，按其计算形式不同可分为__________和__________。

11. 加权算术平均数指数是以综合指数的__________作权数，通常用来编制__________指标总指数；加权调和平均数是以综合指数的__________作权数，通常用来编制__________指标总指数。

12. 综合指数不仅能在__________方面反映被研究现象的综合变动，而且还在__________上反映被研究现象总体变动的影响。

三、单项选择题

1. 总指数的基本形式是(　　)。

①个体指数　　②综合指数

③算术平均指数　　④调和平均指数

2. 统计指数按其反映的指标的性质不同可分为(　　)。

①个体指数和总指数　　②数量指标指数和质量指标指数

③综合指数和平均法指数　　④算术平均数指数和调和平均数指数

3. 数量指标指数的同度量因素一般是(　　)。

①基期质量指标　　②报告期质量指标

③基期数量指标　　④报告期数量指标

4. 商品零售价格指数的同度量因素一般是(　　)。

①基期销售量　　②报告期销售量

③计划期收购量　　④报告期收购量

5. 算术平均数指数(　　)。

①对个体数量指标指数进行平均　　②对个体质量指标指数进行平均

③对个体数量指标进行平均　　④对个体质量指标进行平均

6. 已知三种商品的基期销售价格和报告期销售价格及报告期销售额资料，计算其价格总指数宜采用(　　)。

①数量指标综合指数公式　　②质量指标综合指数公式

③加权算术平均数指数公式　　④加权调和平均数指数公式

7. 为了反映报告期各种商品的销售量比基期销售量的增减变动情况，则应计算(　　)。

①$\bar{k}_p = \frac{\sum p_1 q_1}{\sum p_0 q_0}$　　②$\bar{k}_p = \frac{\sum p_1 q_0}{\sum p_0 q_0}$

③$\bar{k}_q = \frac{\sum p_1 q_1}{\sum p_1 q_0}$　　④$\bar{k}_q = \frac{\sum p_0 q_1}{\sum p_0 q_0}$

8. 作为数量指标综合指数变形的加权算术平均数指数，其权数一般是(　　)。

①$p_1 q_1$　　②$p_0 q_0$

③$p_n q_n$　　④w

9. 用 p 表示商品价格，用 q 表示商品销售量，则$\frac{\sum p_0 q_1}{\sum p_0 q_0}$综合反映(　　)。

①商品销售价格的总变动程度　　②商品销售量的总变动程度

③商品销售额的总变动程度　　④商品销售量变动对销售额影响的绝对数

10. 用 p 表示商品价格，用 q 表示商品销售量，则 $\sum p_1 q_1 - \sum p_0 q_1$ 综合反映(　　)。

①商品价格和商品销售量变动的绝对额

②商品销售额变动的绝对额

③多种商品销售量变动引起的销售额的增减额

④多种商品价格变动引起的销售额的增减额

11. 销售量总指数中指数化的指标是(　　)。

①销售价格　　②销售量

③销售额　　④商品销售量变动对销售额影响的绝对数

12. 下列指数属于质量指标指数的是(　　)。

①销售价格指数　　②销售量指数

③销售额指数　　④商品销售量变动对销售额影响的绝对数

四、多项选择题

1. 统计中通常所讲的指数(　　)。

①是一种特殊的动态相对数　　②具有平均数的性质

③是一种综合性的代表值　　④可用来分析现象变动的原因

⑤可用来反映现象在长时间内的变动趋势

2. 某企业三种产品报告期的产量为基期的120%，这个指数是(　　)。

①个体指数　　②总指数

③数量指标指数　　④质量指标指数

⑤动态相对数

3. 综合指数(　　)。

①是两个总量指标对比而形成的动态相对指标

②分子、分母分别是两个或两个以上因素的乘积之和

③分子、分母中有一个是假定的因素
④综合反映多种现象的变动程度
⑤固定一个或一个以上的因素观察另一个因素的变动

4. 同度量因素在综合指数中的作用有(　　　　)。
①比较作用　　②平衡作用
③权数作用　　④推算作用
⑤媒介作用

5. 数量指标综合指数(　　　　)。
①是编制数量指标指数的基本形式　　②通常是以基期质量指标作同度量因素
③一般不包含同度量因素变动的影响　　④在应用时要掌握全面的原始资料
⑤在实践中变形为调和平均数指数的形式

6. 质量指标综合指数(　　　　)。
①是编制质量指标指数的基本形式　　②通常是以报告期数量指标作用同度量因素
③一般包含同度量因素变动的影响　　④其分子与分母的绝对差额有实际经济意义
⑤在实践中常变形为算术平均数指数的形式

7. 下列指数中属于质量指标指数的有(　　　　)。
①物价指数　　②劳动生产率指数
③职工人数指数　　④产品成本指数
⑤商品流转速度指数　　⑥工资水平指数

8. 平均法指数(　　　　)。
①是综合指数的变形　　②是各个个体指数的平均数
③其权数可以是总量指标也可以是相对指标
④是我国目前编制物价指数的常用方法
⑤有算术平均指数和调和平均数指数之分

9. 计算商品价格总指数可选用的公式有(　　　　)。
①$\bar{k}_p=\dfrac{\sum k_p w}{\sum w}$　　②$\bar{k}_p=\dfrac{\sum p_1 q_1}{\sum p_0 q_1}$
③$\bar{k}_p=\dfrac{\sum p_1 q_1}{\sum \dfrac{1}{k_p} p_1 q_1}$　　④$\bar{k}_p=\dfrac{\sum k_p p_0 q_0}{\sum p_0 q_0}$
⑤$\bar{k}_p=\dfrac{\sum p_1 q_1}{\sum k_p p_0 q_0}$

10. 编制总指数的方法有(　　　　)。
①综合指数　　②平均法指数
③算术平均法指数和调和平均法指数　　④平均指标指数
⑤可变构成指数

五、判断题

1. 个体指数也就是各个单位的指数。　　(　　)

2. 总指数就是加权指数。（　　）
3. 编制综合指数的关键问题，也就是同度量因素及其时期的选择问题。（　　）
4. 编制加权平均指数，实质上就是计算个体指数的平均数。（　　）
5. 如果物价上涨10%，则现在的100元钱只值原来的90%。（　　）
6. 总指数可分为质量指标指数和数量指标指数，个体指数不能这样分。（　　）
7. 在我国统计实践中，商品零售价格指数的编制，多采用固定加权平均法。（　　）
8. 质量指标指数是反映内涵变动情况的相对数。（　　）
9. 总指数能说明不可加现象总变动的情况。（　　）
10. 同度量因素所属的时期是可以选择的。（　　）
11. 个体指数的总和等于总指数。（　　）
12. 数量指标指数和质量指标指数是相对的。（　　）

六、简答题

1. 个体指数、类指数和总指数三者之间有何联系？

2. 综合指数与平均法指数有何区别？

七、计算题

1. 某集贸市场几种主要商品销售资料见表6-1：

表6-1

商品名称	销售量（万斤）		销售价格（元/斤）		个体指数（%）		计算栏		
	基期	报告期	基期	报告期					
甲	46	50	8.00	7.50					
乙	34	39	3.60	4.20					
丙	18	22	3.80	4.00					
丁	830	1040	1.20	1.00					
合计									

要求：

（1）计算每种商品的销售量及价格个体指数（计算结果列于表6-1中）。

（2）计算每种商品销售量增加分别使经营者增加了多少收入及每种商品价格变动分别使消费者增加或减少了多少支出？

（3）编制四种商品销售量总指数和销售价格总指数。

2. 某针织厂主要产品的销售量和价格资料见表6-2：

表6-2

产品名称	计量单位	销售量		出厂价格（元）		个体指数（%）		计算栏		
		基期	报告期	基期	报告期					
床单	万条	20	25	10	8					
床罩	万张	15	18	20	21					
枕巾	万副	10	12	5	5					
合计										

要求：

（1）计算每种产品的产量和出厂价格个体指数（计算结果列于表中）。

（2）编制销售量总指数，计算由于销售量变动而增减的销售额。

（3）编制出厂价格总指数，计算由于出厂价格变动而增减的销售额。

3. 某商店两种商品的销售量报告期和基期比较，甲商品增长15%，乙商品降低了14%，基期的实际销售额分别为50万元和24万元，问这两种商品的总销量报告期比基期增长了百分之几？由此增加了多少销售额？

4. 某农产品收购站三种农产品收购价格和收购额资料见表6-3：

表6-3

品名	计量单位	收购价格（元）		2023年实际收购额（万元）	计算栏		
		2022年	2023年				
甲	公斤	1.60	2.80	2500			
乙	公斤	1.40	1.50	500			
丙	公斤	1.40	2.20	120			
合计	—			3120			

要求：计算农产品的收购价格总指数和国家提高农产品收购价格而使农民增加的收入。

5. 根据某市的抽样调查资料（见表6－4），编制居民生活费用价格总指数。

表6－4

项　　目	类指数（%）	各项支出比重（%）
一、食品类	[　　]	35
1. 主食类	105	[30]
2. 副食品类	(　　)	[70]
其中：肉类	125	(30)
禽蛋类	115	(15)
糖烟类	150	(10)
蔬菜类	120	(15)
干调类	125	(20)
其他	110	(10)
二、衣着类	120	25
三、日用品及文化用品类	106	25
四、房租服务类	114	15

（二）指数体系与因素分析

一、名词解释

1. 指数体系

2. 因素分析

3. 平均指标指数

4. 结构影响指数

二、填空题

1. 在指数体系中，各因素指数的__________应等于总变动指数。

2. 由三个或三个以上有联系的指数所组成的数学关系式称__________，它是__________的具体运用。

3. 利用__________进行__________是指数法的核心内容和落脚点。

4. 由于现象总体变动的表现形式不同，指数体系因素分析方法分为__________的因素分析和__________的因素分析。

5. 因素分析的基本步骤：第一，__________；第二，计算各指标的__________和__________；第三，指数体系间的__________。

6. 总量指标指数体系的数量关系的表现形式为：__________。

7. 平均指标指数体系的数量关系的表现形式为：__________。

8. 在分组条件下，总体平均水平的变动既受__________变动的影响，又受__________变动的影响。

9. 固定构成指数是指在总平均数的动态对比中，将__________固定不变，用以表明__________的变动对总平均数变动影响的指数。

10. 若市场物价上涨 4.2%，则消费者用同样多的货币支出所购回的商品量在报告期将比基期__________。

11. 指数数列中的指数，按其所采用的基期不同可分为__________和__________。

12. 能分解为固定构成指数和结构影响指数的平均指标指数，其分子、分母通常是__________。

三、单项选择题

1. 如果生活费用（指数）上涨 10%，则现在的 1 元钱(　　)。

①只值原来的 0.9 元　②只值原来的 0.91 元

③值原来的 1.1 元　④难以确定

2. 两因素指数体系中的同度量因素通常(　　)。

①都固定在基期　②都固定在报告期

③一个固定在基期，另一个固定在报告期　④采用基期和报告期交叉

3. 若价格指数下降，销售额指数持平，则销售量指数(　　)。

①下降　②不变

③上升　④为零

4. 某产品产量报告期比基期增长了 10%，单位产品成本降低 10%，则生产总成本(　　)。

①增加 20%　②增加 1%

③减少 1%　④不变

5. 居民用多于基期 15.5% 的货币额只能购买多于基期 5% 的商品量，因为物价(　　)。

①上涨 3.1%　②上涨 10.5%

③上涨 10%　④下降 10.5%

6. 平均指标指数是(　　)。

①平均法指数　②个体指数的平均数

③由两个平均指标对比形成的指数　④由两个总量指标对比形成的指数

7. 反映总体结构变动的平均指标指数是(　　)。

①可变构成指数　②固定结构指数

③结构影响指数　④平均法指数

8. 平均指标的固定构成指数反映(　　)。

①总平均指标的变动　②总体结构的变动

③组平均水平的变动　④以上三个因素的总变动

9. 当总体结构变动影响很大时，往往会出现组平均数与总平均数(　　)。

①发展很快的现象　②发展很慢的现象

③不一致的现象　④一致的现象

10. 某单位职工的总平均工资比基期提高了 10%，职工人数结构变动指数为 105%，则各类职工的平均工资水平将(　　)。

①提高 5%　　②提高 4.8%

③下降 4.6%　　④提高 15.5%

四、多项选择题

1. 统计指数的主要作用有(　　　　)。

①综合反映社会经济现象总体变动的方向和程度

②分析社会经济现象总变动中各构成因素影响的方向和程度

③测定各组水平变动和总体结构变动对总体平均指标影响的方向和程度

④研究社会经济现象在较长时间内变动的趋势或规律

⑤说明总体内部的构成及性质

2. 指数体系(　　　　)。

①是若干个相互联系的指数组成的整体　　②可通过已知指数推算未知指数

③可用作复杂现象总变动的因素分析　　④各指数间不一定具有客观的数量联系

3. 两因素分析(　　　　)。

①研究对象是受两个因素变动影响的现象

②所依据的指数体系由三个指数组成

③所求得的总变动指数要等于各因素指数的乘积

④可从相对数和绝对数两个方面进行分析

⑤可通过已知指数推算未知指数

⑥在分析质量指标变动时，要将数量指标固定在报告期；在分析数量指标变动时，要将质量指标固定在基期

4. 多因素分析(　　　　)。

①研究对象是受三个或更多因素变动影响的现象

②所依据的指数体系由三个或更多的指数组成

③各影响因素在客观联系的基础上按经济内容的逻辑顺序排列

④应该遵循逐一连锁替换分析的原则

⑤分析某一因素变动时必须假定其他因素不变

5. 平均指标可变构成指数(　　　　)。

①只反映组平均指标的变动　　②综合反映组平均指标和总体结构的变动

③与组指数的变动方向完全一致　　④在总体结构不变时，与组指数的变动方向一致

⑤其性质属于平均指数

6. 平均指标指数包括(　　　　)。

①固定权数算术平均数指数　　②固定构成指数

③可变构成指数　　④算术平均数指数

⑤结构影响指数

7. 在分组条件下，影响总平均指标变动的因素有(　　　　)。

①变量的性质　　②总体结构变动

③总体单位总量变动　　④组平均水平变动

⑤以上全部因素的变动

8. 某种产品的生产总成本 2023 年为 50 万元，比 2022 年多了 2 万元，单位产品成本 2023 年比 2022 年降低了 5%，则(　　　　)。

①生产总成本总指数为 104.17%　　②生产总成本指数 108.56%

③单位成本指数为 95%　　④产量指数为 109.65%

⑤由于成本降低而节约的生产费用为 2.63 万元

9. 三个地区同一种商品的总平均价格报告期为基期的 112%，这个指数是(　　　　)。

①总指数　　②可变构成指数

③平均法指数　　④平均指标指数

⑤个体指数　　⑥个体指数平均数

10. 在指数体系 $\frac{\sum p_1q_1}{\sum p_0q_0}=\frac{\sum p_1q_1}{\sum p_0q_1}\times\frac{\sum p_0q_1}{\sum p_0q_0}$ 中，p 表示商品价格，q 表示商品销售量，则(　　　　)。

① $\frac{\sum p_1q_1}{\sum p_0q_0}$ 综合反映多种商品销售额的总变动的影响程度

② $\frac{\sum p_1q_1}{\sum p_0q_1}$ 综合反映多种商品价格的变动程度

③ $\frac{\sum p_0q_1}{\sum p_0q_0}$ 反映商品销售量变动对销售额变动的影响程度

④ $\sum p_1q_1-\sum p_0q_0$ 综合反映商品销售额变动的绝对额

⑤ $\sum p_1q_1-\sum p_0q_1$ 综合反映多种商品价格的变动而影响消费者增加或减少的支出额

⑥ $\sum p_0q_1-\sum p_0q_0$ 综合反映多种商品销售量的变动而影响经营者增加或减少的销售额

五、判断题

1. 因素分析是建立指数体系的前提和基础。(　　)
2. 因素分析的目的，就是要测定现象总变动中各因素的影响方向和影响程度。(　　)
3. 统计指数的多因素分析要使用连环替代法。(　　)
4. 工资总额增长 10%，平均工资下降 5%，则职工人数应增长 15%。(　　)
5. 平均指标指数实际上就是综合指数的变形。(　　)
6. 只有用平均指标指数体系才能进行加权平均指标变动的因素分析。(　　)
7. 加权平均指标的变动分析，也是总指数分析法的具体运用。(　　)
8. 多因素分析较两因素分析更深入，所以指数因素分析中因素越多越好。(　　)
9. 若干个有联系的总指数能构成指数体系，而个体指数则不能构成指数体系。(　　)

10. 在由三个指数构成的指数体系中，两个因素指数的同度量因素是不同时期的。（　　）

11. 平均法指数和平均指标指数的意义是相同的。（　　）

12. 平均指标指数体系可以分解为可变指数和结构影响指数。（　　）

六、简答题

1. 可变指数、结构影响指数和固定结构指数有何关系？

2. 怎样根据固定加权指数编制零售物价指数？

七、计算题

1. 某厂两种产品的产量和单位成本资料见表6-5：

表6-5

产品名称	计量单位	产量		单位成本（元）		计算栏		
		基期	报告期	基期	报告期			
甲 乙	万台 万套	20 15	22 20	50 60	48 56			
合计								

要求：分析全部产品总成本的变动中受产量和单位成本变动影响的程度和绝对量。

2. 某企业集团所属三个企业的劳动生产率和职工人数资料见表 6 - 6：

表 6 - 6

企业名称	上月		本月		计　算　栏		
	劳动生产率（万元/人）	职工人数（人）	劳动生产率（万元/人）	职工人数（人）			
甲企业	3.1	1080	3.5	1150			
乙企业	2.4	830	3.0	1020			
丙企业	3.0	1500	3.6	1740			
合计							

要求：分析该企业集团的销售额变动中各因素的影响程度和绝对量，并说明哪一因素起的作用更大？

3. 某家电企业两种产品销售情况见表 6 - 7：

表 6 - 7

产品名称	计量单位	销售收入（万元）		销售价格升（+）降（-）幅度（%）	计　算　栏	
		2022 年	2023 年			
吊扇	台	550	580	-5		
落地扇	台	300	320	-3		
合计						

要求：从相对数和绝对数两个方面对该厂 2023 年产品销售收入变动的原因进行分析。

4. 甲、乙、丙三个市场同一种商品的销售资料见表6－8：

表6－8

市场	销售价格（元）		销售量（万件）		计算栏		
	基期	报告期	基期	报告期			
甲	15	12	15	25			
乙	14	12	15	25			
丙	12	11	10	30			
合计							

要求：分析各市场价格变动和市场销售量结构变动对三个市场该商品总平均价格变动的影响。

5. 某股份有限公司有关资料见表6－9：

表6－9

	基期		报告期		计算栏				
	年均基础工资（万元）	员工人数（人）	年均基础工资（万元）	员工人数（人）					
普通员工	6	1500	7.5	2000					
中级员工	8	600	9	650					
高级员工	12	120	15	130					
合计									

要求：

（1）计算各级员工的平均基础工资指数及该公司员工的总平均基础工资指数。

（2）分析该公司总平均基础工资变动受各级员工基础工资变动和员工结构变动的影响情况。

第七章
抽 样 技 术

（一）抽 样 调 查

一、名词解释

1. 样本

2. 纯随机抽样

3. 类型抽样

4. 抽样误差

二、填空题

1. 抽样调查是建立在____________基础上的一种科学的调查方法。

2. 抽样推断中常用的样本指标主要有__________、__________、__________等。

3. 抽样技术是统计研究中的一种重要研究方法，本章主要包括__________和__________两部分内容。

4. 抽样推断的特点是__________；__________；__________等。

5. 样本指标又称__________或__________。

6. 成数指标的数值越大，其方差就________；成数指标的数值越接近于________，其方差就越大，当成数为________时，其方差值等于________，为最大值。

7. 根据抽取样本的方法不同，有__________和__________两种具体抽样方法。

8. 采用重复抽样时，全及总体的单位数始终________，同一单位有可能__________；采用不重复抽样时，全及总体的单位数会__________，而总体中的每个单位最多只可能__________。

9. 统计误差一般分为登记性误差和代表性误差两大类，而代表性误差又包括__________和__________两种，其中，__________是抽样调查所固有且又可以控制和计算的。

10. 影响抽样误差大小的因素有：__________、__________、__________和__________等。

11. 在简单随机抽样条件下，不重复的抽样平均误差是重复抽样误差的__________倍；在简单随机重复抽样条件下，抽样平均误差与__________成正比，与__________成反比。

12. 在抽样推断中，表明抽样极限误差、概率度和抽样平均误差三者之间关系的数学表达式是__________。这说明在同等条件下，若扩大抽样的误差范围，则会提高推断的__________，但__________会降低。

三、单项选择题

1. 抽样调查的主要目的是(　　)。

①了解现象发展的具体过程和变化趋势

②对调查单位作深入具体的研究

③用样本指标对总体综合数量特征作出具有一定可靠程度的推断估计

④为计划和决策提供详细生动的资料

⑤计算和控制抽样的误差

2. 从总体中选取样本进行调查时，必须遵循的基本原则是(　　)。

①可靠性　　②随机性

③代表性　　④准确性和及时性

3. 抽样成数是(　　)。

①比例相对数　　②比较相对数

③结构相对数　　④强度相对数

4. 各样本指标(　　)。

①都是随机变量

②都不是随机变量

③有些是随机变量，有些不是随机变量

④既是随机变量，又是非随机变量

5. 能够事先计算并加以控制的误差是(　　)。

①登记性误差　　②代表性误差

③系统性误差　　④抽样性误差

6. 在纯随机重复抽样条件下，抽样平均误差(　　)。

①与标志变异指标的大小无关　　②与总体标准差成正比关系

③与总体方差成正比关系　　④与样本单位数成反比关系

7. 在纯随机重复抽样条件下，如果样本单位数扩大1倍，则抽样平均误差将(　　)。

①扩大到原数的4倍　　②扩大到原数的2倍

③缩小到原数的1/2倍　　④缩小到原数的$\frac{\sqrt{2}}{2}$倍

8. 在纯随机抽样条件下，重复抽样的抽样平均误差是不重复抽样的(　　)。

①n/N　　②$1-n/N$

③$\sqrt{1-\frac{n}{N}}$　　④$1/(1-n/N)$

⑤$\frac{1}{\sqrt{1-\frac{n}{N}}}$

9. 当有几个方差资料可供选用时，计算抽样平均误差通常取其中(　　)。

①最大的一个　　②最小的一个

③最接近0.5的一个　　④其平均数

10. 抽样极限误差的实际意义是(　　)。

①期望样本指标被包含在全及指标加、减一个Δ的范围内

②期望全及指标被包含在样本指标加、减一个Δ的范围内

③全及指标一定被包含在样本指标加、减一个Δ的范围内

④样本指标一定被包含在全及指标加、减一个Δ的范围内

四、多项选择题

1. 抽样调查的主要特点有(　　)。

①选取样本单位时必须遵守随机性原则

②选取有代表性的部分单位进行调查

③用样本指标去推断有关的全及指标

④抽样调查必然产生抽样误差

⑤抽样误差可以事先计算和加以控制

2. 选取样本单位时必须遵守随机原则，则可以(　　)。

①主动选取某些样本单位

②保证全及总体中的各单位具有被抽中的同等机会
③排斥调查者的主观选择
④使样本总体的分布尽可能接近全及总体的分布
⑤提高样本总体的代表性，减小抽样误差
3. 采用不重复抽样时，(　　)。
①每次参加抽选的总体单位数依次递减
②每个总体单位只有一次被抽中的机会
③可能抽到的样本配合总数比重复抽样少
④抽样误差总比重复抽样的大
⑤当 n/N 很小时，可直接用重复抽样公式计算抽样误差
4. 在其他条件一定的情况下，抽样误差的大小(　　)。
①与总体方差的大小成正比　　②与抽样数目的大小成反比
③受不同抽样方法的影响　　④受不同抽样组织形式的影响
⑤受调查者主观意志的影响
5. 抽样平均误差(　　)。
①是个别样本指标同总体指标的绝对离差
②是所有可能的样本指标同总体指标的平均离差
③是系统误差和随机误差的平均数
④是所有可能的样本指标的标准差
⑤是反映抽样误差一般水平的指标
6. 重复抽样的平均误差与不重复抽样的相比(　　)。
①两者相等
②前者大于后者
③后者大于前者
④当 $n=N$ 时，两者均为0
⑤由于 $N>n$，前者必然大于后者
⑥由于（$1-n/N$）总是小于1大于0，所以后者不可能大于前者
7. 是非变量（即“0，1变量”）的(　　)。
①平均数是 P　　②方差为 $P(1-P)$
③标准差为 $[P(1-P)]^{1/2}$　　④方差的最大值为0.25
⑤标准差的最大值为0.5
8. 计算抽样平均误差时，若缺乏总体标准差，可用以下资料代替(　　)。
①样本标准差
②总体以前的标准差
③另一现象的标准差
④估计的标准差
⑤必要时组织试点调查取得标准差资料
9. 抽样极限误差(　　)。
①是个别样本指标同总体指标的实际离差

②是抽样推断中可允许的误差范围
③是可允许的样本指标同总体指标离差的绝对值
④是一个可能的误差范围
⑤是一个绝对可靠的误差范围
⑥可以大于抽样平均误差，也可以小于或等于抽样平均误差

10. 概率度(　　　　)。
①就是概率保证程度或置信概率
②是以抽样平均误差为单位的极限误差
③是样本指标的绝对误差范围
④表示抽样极限误差是抽样平均误差的多少倍
⑤是表明抽样估计可靠程度的一个参数

五、判断题

1. 由于总体的量是唯一的，因而样本指标的量也是唯一的。(　　)
2. 抽样误差是抽样本身所固有的，但可以尽量避免。(　　)
3. 有意识地选择样本单位所造成的误差不是抽样误差。(　　)
4. 随机抽样就是随意抽样。(　　)
5. 抽样总体中的每个单位都必须具有代表性。(　　)
6. 抽样调查不仅存在抽样误差，而且也存在登记性误差。(　　)
7. 计算抽样误差时，若有几个成数资料可供选择，则应取其平均值。(　　)
8. 按有关标志排队并进行等距抽样，实质上是一种特殊的类型抽样。(　　)
9. 不重复抽样条件下，总体中的每个单位最多只有一次被抽取的机会。(　　)
10. 抽样平均误差，实质上是所有可能出现的样本平均数的方差。(　　)

六、简答题

1. 什么是等距抽样？等距抽样有哪些方法？

2. 抽样估计的特点是什么？其方法有哪些？

七、计算题

1. 从某市的 14 万名在校大学生中随机抽取 400 名（其中有 50 名女生）进行调查，测得其平均体重为 60 公斤，样本方差为样本平均数的 1/5，试计算抽样平均误差（分重复抽样和不重复抽样两种情况）。

2. 某公司有 2000 名职工，从中随机不重复抽取 100 名进行调查，测得其月平均工资为 8600 元，方差为 64000 元。

要求：

（1）计算其抽样平均误差。

（2）若标准差增加 100 元或减少 100 元，其抽样平均误差将怎样变化？

（3）如果概率保证程度95%（$t=1.96$）则其抽样极限误差为多少？

3. 在500个抽样产品中，有4%的不合格品。

要求：

（1）计算抽样平均误差。

（2）当样本单位数增加1倍或减少50%时，抽样平均误差将怎样变化？

（3）如果概率保证程度为95.45%（$t=2$），则其抽样允许误差为多少？

4. 甲、乙两地区均抽选400家企业进行调查，结果表明，甲地区平均每个企业盈利300万元，乙地区平均每个企业盈利80万元，它们相应的标准差系数分别为20%和30%，试计算两地区的抽样平均误差各为多少？

5. 某养鸡场共养蛋鸡2500只，随机不重复抽取其中的200只进行调查，得分组资料见表7－1：

表7－1

按年产蛋量分组（个）	抽查鸡数（只）	计算栏				
190以下	25					
190～200	46					
200～210	79					
210～220	32					
220以上	18					
合计	200					

要求：

（1）计算抽样平均误差（其中，年产蛋量211个以上者为良种鸡）。

（2）如果保证概率为99.73%（$t=3$），试计算其抽样极限误差。

（二）抽样推断

一、名词解释

1. 点估计

2. 区间估计

二、填空题

1. 抽样推断又叫____________，由样本指标去估计全及指标的方法有____________和____________两种。

2. 因为全及指标是表明总体数量特征的参数，所以抽样估计又称为____________。

3. 区间估计的基本特点是根据给定的____________的要求，利用____________，指出总体指标可能存在的____________，而不是给出具体的估计值。

4. 在估计区间 $\overline{X}-\Delta_x \leqslant \overline{x} \leqslant \overline{X}+\Delta_x$ 中，样本平均数是以________为中心。在________至________的范围内变动，区间的总长度为________，在该区间内，样本平均数与总体与总体平均数之间的绝对离差不超过________。

5. 某村有 2000 亩水稻，随机抽查获 100 亩，测得其平均亩产量为 400 公斤。用点估计的方法推算，该村的水稻总产量为________。如果要进行区间估计，还应具备________资料。

6. 在其他条件不变的情况下，如果扩大抽样误差范围，则可以____________推断的把握程度；如果缩小抽样误差范围，则会____________推断的把握程度。

7. 影响样本单位数目的主要因素有____________、____________、____________和__________________________等。

8. 在其他条件不变的情况下，如果扩大抽样极限误差，则样本单位数目就可相应____________；如果提高推断的把握程度，则样本单位数目就要相应____________。

9. 在纯随时机重复抽样条件下，如果样本单位数扩大 1 倍，则抽样平均误差________

______________；如果抽样误差范围缩小一半，则样本单位数______________。

10. 抽样调查的基本组织方式有____________、____________、____________和____________四种，其中，____________是设计其他组织方式的基础。

三、单项选择题

1. 相对而言，用样本指标去推断相应的全及指标，点估计的可靠性比区间估计(　　)。

①高　　②低

③基本相同　　④时高时低

⑤难以判断

2. 点估计的基本特点是(　　)。

①根据允许误差，用样本指标估计相应的全及指标

②根据给定的概率保证程度指出总体指标的可能范围

③直接用样本指标作为相应全指标的估计值

④估计的准确性和把握程度较高

3. 某市某管理区有个体工商户2000户，据抽样调查，漏税户占抽样总户数的50%，平均每户漏税金额为200元，若用点估计推算，该管理区个体工商户的漏税总额为(　　)。

①40万元　　②20万元

③200万元　　④100万元

4. 区间估计的基本方法是(　　)。

①用样本指标加减若干倍的样本方差

②用样本指标加减若干倍的抽样平均误差

③用样本指标加减若干倍的抽样极限误差

④用样本指标加减若干倍的抽样实际误差

5. 区间估计的置信度是指(　　)。

①概率度　　②概率保证程度

③抽样允许误差的大小　　④抽样平均误差的大小

6. 区间估计中全及指标所在的范围(　　)。

①是一个具有一定把握程度的可能范围

②是一个绝对可靠的范围

③是一个毫无把握的范围

④与抽样平均误差的大小无关

7. 在抽样平均误差既定时，概率度 t 值越大(　　)。

①抽样极限误差越小

②估计区间越小

③推断的准确程度越高

④全及指标落入估计区间的可能性越大

8. 在抽样推断中，样本单位数(　　)。
①越多越好　　②越少越好
③应当适度　　④可多可少
9. 在其他条件相同的情况下，重复抽样所需样本单位数比不重复抽样(　　)。
①少　　②相等
③多　　④难以确定
10. 重复抽样条件下，如果极限误差扩大了1倍，则样本单位数将(　　)。
①比原数缩小1/4　　②缩小到原数的1/4
③比原数扩大1倍　　④比原数扩大2倍
⑤扩大到原数的4倍

四、多项选择题

1. 直接用样本指标与全及总体单位数相乘来推算总体总量指标的方法是(　　)。
①抽样估计法　　②点估计法
③直接推算法　　④系数推算法
⑤区间估计法
2. 决定置信界限或置信区间大小的主要因素是(　　)。
①样本平均数或成数　　②总体平均数或成数
③样本方差或标准差　　④抽样平均误差
⑤概率度
3. 抽样推断中常用的总体指标的估计区间公式有(　　)。
① $\bar{x} - t \cdot \mu_x \leqslant \bar{X} \leqslant \bar{x} + t \cdot \mu_x$　　② $(\bar{x} - t \cdot \mu_x)N \leqslant Y \leqslant (\bar{x} + t \cdot \mu_x)N$
③ $p - t \cdot \mu_p \leqslant P \leqslant p + t \cdot \mu_p$　　④ $(p - t \cdot \mu_p)N \leqslant N_1 \leqslant (p + t \cdot \mu_p)N$
4. 实施区间估计的一般步骤包括(　　)。
①根据抽样资料计算样本指标，或根据不同抽样方法计算抽样平均误差
②根据给定的概率查表得出概率度 t 值，并据此计算出平均极限误差
③根据给定的概率查表得出概率度 t 值，并据此计算出抽样极限误差
④根据调查目的给出相应的估计区间
5. 在进行区间估计时(　　)。
①若扩大抽样误差的范围，则会降低推断的可靠性
②若缩小抽样误差的范围，则会降低推断的准确性
③若提高推断的准确性，则会缩小抽样误差的范围
④若降低推断的可靠性，则会提高推断的准确性
⑤若提高推断的可靠性，则会扩大抽样误差范围
6. 在其他条件相同时，样本单位数目的多少(　　)。
①与总体方差的大小成反比　　②与概率的大小成反比
③与概率度的平方成正比　　④与极限误差的大小成正比
⑤与不同的抽样方式和方法有关

7. 抽样调查的组织形式有(　　　　)。

①重复抽样　　②不重复抽样

③纯随机抽样　　④等距抽样

⑤类型抽样　　⑥整群抽样

8. 纯随机抽样(　　　　)。

①适合均匀总体

②抽样效果最理想

③从理论上讲最符合随机原则

④是设计其他抽样组织方式的基础和抽样效果的比较标准

⑤应用最为广泛

9. 在进行类型抽样时(　　　　)。

①先要将总体单位分为若干类

②要从各类中抽选一个单位组成样本

③有等比例和不等比例两种抽样方法

④计算抽样误差时注重组内方差

⑤其误差一般来说比纯随机抽样的要小

10. 抽样推断中缩小抽样误差的方法有(　　　　)。

①缩小总体方差　　②适当增加抽样数目

③最大限度地增加抽样数目　　④改进抽样组织方式

⑤改重复抽样为不重复抽样

五、判断题

1. 抽样极限误差是最大的抽样误差，因此总体指标必须落在样本指标和极限误差共同构成的区间之内。(　　)

2. 抽样推断中，样本指标与总体指标都是随机变量。(　　)

3. 允许误差越大，则抽样估计的可靠性就越小。(　　)

4. 区间估计中的估计范围是一个绝对可靠的范围。(　　)

5. 允许误差越大，对应的必要抽样数目就越多。(　　)

6. 极限误差可以小于、等于或大于抽样平均误差。(　　)

7. 要想提高抽样推断的把握程度，就应适当增加样本数目。(　　)

8. 重复抽样需要的样本单位数目总是比不重复抽样的多。(　　)

9. 在样本容量相同的情况下，整群抽样的误差常常大于纯随机抽样的误差。(　　)

10. 提高了抽样推断的把握程度，也就相应地提高了推断结果的精确性。(　　)

六、简答题

1. 确定样本容量应注意哪些问题？

2. 如何进行区间估计？

七、计算题

1. 从某厂生产的5000台风扇中，随机抽取其中的100台进行质量检验，检验合格的产品有98台。试以99.73%（$t=3$）的概率保证，估计全部产品合格率的所在范围，并求出全部合格品台数的可能范围（分重复抽样和不重复抽样两种情况）。

2. 某地区共播种小麦10000亩，从中随机抽取其中1%的面积进行产前估产，测得其平均亩产量为300公斤，标准差为60公斤。试以95.45%（$t=2$）的概率保证，估计全部小麦的平均亩产量和总产量的可能范围（分重复抽样和不重复抽样两种情况）。

3. 从某企业的1000名职工中，采用不重复抽样方法随机抽取100名进行调查，得到按人均月工资额分组的资料见表7－2：

表7－2

按人均月工资分组（元）	职工人数（人）	其中：男职工（人）	计算栏				
5000以下	3	3					
5000～6000	10	9					
6000～7000	25	21					
7000～8000	30	22					
8000～9000	16	11					
9000～10000	14	12					
10000以上	2	2					
合计	100	80					

要求：

（1）计算人均月工资和抽样平均误差。

（2）试以95.45%的概率估计全部职工月平均工资的可能范围。

（3）以同样的概率，推断全部男职工人数所占比重的可能范围。

4. 某灯泡厂对随机抽取的100只灯泡进行使用寿命检测，测得其平均使用寿命为1250小时。又知过去前三次抽样检测的标准差分别为250小时、245小时和240小时。

要求：

（1）如果推断全部灯光的使用寿命在1175~1325小时之间，其可靠性有多大？

（2）若以上述可靠性保证，并要使其误差范围控制在50小时以内，则需要抽查多少灯泡进行检测？

5. 某高校共有5000名大学生，根据抽样调查，学生体重的标准差为5公斤，如果要求极限抽样误差不超过0.5公斤，概率保证程度为95.45%（$t=2$），试问用纯随机抽样方式应调查多少名学生（分别计算重复抽样和不重复抽样的所需数目）？

6. 某集团公司对其400户职工家庭进行家计调查，已测得样本指标：平均每人每月生活费支出为800元，标准差为120元。

要求：

（1）试分别以68.27%（$t=1$）、95.45%（$t=2$）的概率保证，计算全公司职工家庭人均月生活费支出的区间范围。

（2）如果可靠程度提高到99.73%（$t=3$），极限误差为10元时，需要抽查多少户数？

7. 某税务局对2000户个体工商户进行偷税漏税情况检查，采取纯随机重复抽样从中随机抽取5%商户的登记纳税情况，结果发现有60%的偷税漏税户，平均偷税漏税金额为250元，标准差80元。

要求：

（1）如果偷税漏税户的成数极限抽样误差不超过5%，这次抽查的偷税漏税成数估计的概率保证程度（即把握程度）有多大？

（2）如果对平均每户偷税漏税金额的估计要求有95%的把握程度，全部个体工商户的偷漏税金额可能在什么范围？

（3）如果平均每户偷漏税金额的允许误差不超过6元，概率度 $t=1$ 时，下次应抽取多少户？如果允许误差扩大到10元，概率保证程度达到99.73%，下次又应抽取多少户为宜？

第八章
相关分析与回归分析

一、名词解释

1. 相关图

2. 相关系数

3. 回归分析

4. 估计标准误差

二、填空题

1. 社会经济现象之间的相互关系可以概括为__________和__________两种类型。

2. 现象之间的相关关系，通常表现为一定的因果关系。一般把变化原因的变量称为__________，用符号______表示；把变化结果的变量称为__________，用符号__________表示。

3. 现象之间的相关关系按相关程度不同分为__________、__________和__________；按相关方向不同分为__________和__________；按相关形式不同分为__________和__________；按相关因素的多少分为__________和__________。

4. 两变量之间的相关关系称为＿＿＿＿＿＿；在具有相关关系的两个变量中，当一个变量之数值由小变大，而另一个变量的数值却由大变小时，这两个变量间的关系称为＿＿＿＿；当一个变量的数值发生变动，另一个变量随着发生大致均等的变动时，这两个变量之间的关系称为＿＿＿＿＿＿。

5. 判断现象之间相关关系表现形式的方法是＿＿＿＿＿＿；测定现象之间相关关系密切程度的方法是＿＿＿＿＿＿；确定现象相关变量之间一般关系式的方法是＿＿＿＿＿＿；检验所配合回归直线代表性的方法是＿＿＿＿＿＿。

6. 相关系数 r 的值介于＿＿＿＿＿＿之间。当相关系数为正值，即＿＿＿＿时，表示现象之间存在着＿＿＿＿＿＿。

7. 计算相关系数的一般方法是＿＿＿＿＿＿，其公式为＿＿＿＿＿＿；计算回归系数的主要方法是＿＿＿＿＿＿，其公式为＿＿＿＿＿＿。

8. 进行＿＿＿＿＿＿分析时，首先要确定哪个是自变量，哪个是因变量。在这一点上与＿＿＿＿＿＿分析不同。

9. 直线回归方程中的参数 a 是回归直线的＿＿＿＿＿，它在相关图上表现为＿＿＿＿＿＿＿＿时＿＿＿＿＿＿，数学上叫做＿＿＿＿＿＿＿，表示＿＿＿＿＿＿＿＿＿＿＿；参数 b 是回归直线上的＿＿＿＿＿＿，即＿＿＿＿＿＿。它表示＿＿＿＿＿＿＿＿＿＿。

10. 回归标准差的计算公式为＿＿＿＿＿＿＿＿＿；回归标准差的大小与回归直线代表性的强弱成＿＿＿＿＿＿。

三、单项选择题

1. 现象之间存在着的不严格的或非确定性的数量依存关系是(　　)。

①函数关系　　②相关关系

③回归关系　　④因果关系

2. 下列现象中存在函数关系的是(　　)。

①工人文化技术水平越高，其劳动生产率也越高

②施肥量增加，农作物产量也随之增加

③产品价格一定时，销售额随着销售量的增加而增加

④城乡居民收入增加，银行储蓄存款额也相应增加

3. 相关分析中的正相关是指(　　)。

①自变量（x）的数值增加，因变量（y）的数值也相应增加

②自变量（x）的数值增加，因变量（y）的数值相应减少

③自变量（x）的数值减少，因变量（y）的数值反而增加

④自变量（x）的数值减少，因变量（y）的数值不变

4. 若价格愈低，商品需求量愈大，则物价与商品需求量之间的关系是(　　)。

①虚假相关　　②正相关

③负相关　　④复相关

⑤不相关

5. 判断现象之间相关关系密切程度的方法是（　　）。
①作定性分析　②制作相关图表
③计算相关系数　④计算回归系数
⑤计算回归误差
6. 相关系数的取值范围为（　　）。
①$r>0$　②$0\leq r\leq 1$
③$-1\leq r\leq 1$　④$-1\leq r\leq 0$
⑤$r<0$
7. 相关系数 $r=-0.5$，表示现象之间的相关程度为（　　）。
①不相关　②微相关
③低度相关　④显著相关
⑤高度相关
8. 直线回归方程 $y_c=a+bx$ 中的回归系数 b 表示（　　）。
①自变量 x 每增加一个单位，因变量 y 增加的数量
②自变量 x 每减少一个单位，因变量 y 减少的数量
③自变量 x 每减少一个单位，因变量 y 增加的数量
④自变量 x 每增加一个单位，因变量 y 平均增加或减少的数量
9. 运用回归方程估计的因变量的数值与其实际值（　　）。
①总是一致的
②根本不可能一致
③可能一致，也可能不一致
④多数情况下一致，少数情况下不一致
10. 配合回归方程比较合理的方法是（　　）。
①移动平均法　②半数平均法
③散点图法　④最小平方法

四、多项选择题

1. 相关分析（　　）。
①分析对象是相关关系
②分析方法是配合回归方程
③分析方法主要是绘制相关图和计算相关系数
④分析目的是确定自变量和因变量
⑤分析的目的是判断现象之间相关关系的密切程度，决定是否配合相应的回归方程以便进行推算和预测
2. 相关关系与函数关系的关系是（　　）。
①同一关系
②毫无关系
③现象之间的关系值是否确定的关系

④都是现象间的一种数量依存关系
⑤相关关系通常用函数关系的形式近似地表达
⑥函数关系可看作是相关关系的一种特殊情形
3. 下列现象中，存在相关关系的有(　　　　)。
①职工家庭收入不断增长，消费支出也相应增加
②产量不断增加，单位产品成本相应下降
③税率一定，纳税额随销售收入增加而增加
④商品价格一定，销售额 = 价格 × 销售量
⑤身高越高，体重相应增加
4. 现象间的相关关系按相关形式不同分为(　　　　)。
①正相关　　②负相关
③直线相关　　④曲线相关
⑤不相关
5. 商品流通费用率与商品销售额之间的关系是(　　　　)。
①相关关系　　②函数关系
③单相关　　④复相关
⑤正相关　　⑥负相关
6. 相关系数(　　　　)。
①是测定相关变量间有无相关关系的指标
②是在线性相关条件下测定两个变量间相关关系密切程度的指标
③也能表明变量之间相关的方向
④其值大小决定有无必要配合回归方程
⑤与回归系数关系密切
7. 用相关系数表示两种现象线性相关密切程度时，其值(　　　　)。
①愈接近于1，现象间的相关关系愈密切
②愈接近于0，现象间的相关关系愈弱
③愈接近于-1，现象间的相关关系愈弱
④愈接近于1，现象间的正相关关系愈强
⑤为-1，表明现象间无相关关系
8. 高度相关的相关系数应是(　　　　)。
① -0.80　　② 0.80
③ 0.70　　④ 0.40
⑤ 0.90
9. 直线回归方程(　　　　)。
①建立前提是现象之间具有较密切的直线相关关系
②关键是确定方程中的参数 a 和 b
③表明两个相关变量间的一般数量变动关系
④可用来根据自变量的数值推算因变量的数值，并可进行回归预测
⑤回归系数 $b=0$ 时，相关系数 $r=0$

10. 某种产品的单位成本（元）与工人劳动生产率（件/人）之间的回归直线方程为：$Y_c = 50 - 0.5x$，则(　　　　)。

①0.5 为回归系数

②50 是回归直线的起点值

③表明工人劳动生产率每增加1件/人，单位成本平均提高0.5元

④表明工人劳动生产率每增加1件/人，单位成本平均下降0.5元

⑤表明工人劳动生产率每减少1件/人，单位成本平均下降50元

五、判断题

1. 若 x、y 同向变动，则它们存在着正相关关系；若 x、y 异向变动，则他们存在着负相关关系。(　　)
2. 判断现象之间是否存在相关关系，必须计算相关系数。(　　)
3. 回归分析和相关分析一样，所分析的两个变量一定都是随机变量。(　　)
4. 当直线相关系数 $r = 0$ 时，说明变量之间不存在任何相关关系。(　　)
5. 回归系数 b 的符号与相关系数 r 的符号一般相同，但有时也不同。(　　)
6. 相关系数越大，说明相关程度越高；相关系数越小，说明相关程度越低。(　　)
7. 正相关点的离差乘积之和必定大于0。(　　)
8. 若直线回归方程式：$Y_c = 13 - 7x$，则可判断 x 和 y 之间存在负相关关系。(　　)
9. 相关系数 r 越大，则估计标准误 S_{yx} 越大，从而直线回归方程的精确性越低。(　　)
10. 回归分析中计算的估计标准误就是因变量的标准差。(　　)

六、简答题

1. 相关关系有哪些特点？

2. 简述相关分析与回归分析的主要内容。

3. 试述相关关系的种类。

4. 一元线性相关中相关系数和回归系数有何关系？

七、计算题

1. 某市 2014 年至 2023 年的个人货币收入和消费支出资料见表 8－1：

表 8－1

年份	货币收入（亿元）	消费支出（亿元）	计算栏				
2014	10	9					
2015	11	10					
2016	12	11					
2017	13	12					
2018	14	13					
2019	14	14					
2020	16	15					
2021	18	16					
2022	20	17					
2023	21	18					
合计							

要求：

（1）绘制相关图，判断货币收入与消费支出之间相关关系的形式。

（2）计算相关系数，说明货币收入与消费支出之间相关关系的密切程度。

（3）如果有必要，试建立以货币收入为自变量的回归方程。

2. 六个地区某种商品的销售量与销售价格的资料见表8－2：

表8－2

地区编号	销售量（亿件）	价格（元/件）	计 算 栏		
1	2	73			
2	3	72			
3	4	71			
4	3	73			
5	4	69			
6	5	68			
合　计					

要求：

(1) 计算销售量与价格的相关系数，确定其相关程度。

(2) 求出销售量对销售价格的直线回归方程，并指出销售价格每下降 1 元时，商品销售量平均增加多少？

(3) 计算回归直线的估计标准差。

3. 七台同种机床的使用年限与维修费用资料见表 8－3：

表 8－3

机床编号		1	2	3	4	5	6	7	合　计
使用年限（年）		2	3	4	4	5	5	6	
维修费用（元）		40	54	52	64	60	70	80	
计算栏									

要求：

（1）建立回归方程，配置回归直线，表明机床的使用年限与维修费用的相关关系。

（2）估计当机床使用年限为 6 年时，维修费用平均为多少元？

（3）计算估计标准差，并以 $2S_y$ 为距离作两条与回归直线平行的虚线，说明所配置回归直线的可信程度。

下篇　实　　训

实训一：
奶制品消费市场情况问卷调查

［选题］

随着我国社会经济的迅速发展，人们的消费水平不断提高，消费结构也在不断完善，可以说，我国人民正在由吃饱向吃好方向发展。例如对奶制品这种商品的消费，原来一般家庭是难以问津的，而现在奶制品已进入寻常百姓家了。《中国统计年鉴》（2021 年）中的数据显示，全国居民人均奶类消费品消费量：2014 年为 12.6 千克、2015 年为 12.1 千克、2016 年为 12 千克、2017 年为 12.1 千克、2018 年为 12.2 千克、2019 年为 12.5 千克、2020 年为 13 千克。为了了解消费者的购买情况，有效地开展市场营销活动，我们拟对某城市奶制品的消费情况进行一次问卷调查，旨在通过这一活动，让学生了解和掌握问卷调查的基本方法，提高其社会实践能力，缩短理论与实践的差距；同时有利于活跃学习气氛：让学生走出课堂，深入社会，培养其动手能力，以便更好地适应社会发展的需要，从而提高学生理论学习的积极性，进一步认识理论学习的必要性。如有必要，还可将调查结果反馈给有关的生产和经营者，以促进其改善生产与经营管理，更好地满足消费者的需要。

［资料搜集］

市场上销售的奶制品的品牌和种类很多，为方便起见，我们拟选定其中 A、B、C、D、E（注：为不影响相关品牌奶制品的销售情况，这里用了 A、B、C、D、E 等符号代替之）五个品牌的奶制品作为调查对象，对某市的消费者的消费情况分城区和郊区进行问卷调查。同时对该市相关销售网点的奶制品销售情况进行问卷调查。

［要求］

1. 组织两个由若干个有共同兴趣的同学参加的兴趣小组：一个小组负责对消费者的消费情况进行问卷调查（其中，该小组又分为城区小组和郊区小组），另一个小组负责对相关销售网点销售情况进行问卷调查（其中，该小组也分为城区小组和郊区小组）。

2. 拟订调查提纲，设计调查所需要的有关问卷，印发（一定数量）并回收问卷，然后对调查所获取的原始资料进行审核、订正、汇总、分析。

3. 将调查结果撰写成调查分析报告，并将调查报告反馈给生产者或经营者，为其组织生产或经营活动提供参考。

附1：调查问卷

（一）请问您的职业：（请将您的职业在对应位置下面用“√”表示）

工　人	农　民	教　师	科技人员	公务员	学　生	军　人	其　他

（二）请问您家（或个人）一般或经常消费的奶制品品牌是：（请将您的选择在对应代号下面用“√”表示）

A	B	C	D	E

（三）您对消费过的这五种品牌奶制品的满意程度（请将您的选择用代号填入表中）

①满意　　②比较满意　　③一般　　④不满意

品　牌＼内　容	内在质量	品　种	价　格	包　装	广告效果
A					
B					
C					
D					
E					

（此次调查活动共发放问卷________份，收回________份，其中城区调查户（或人）________，郊区调查户（或人）________，问卷的回收率为________%。现要求对收回的问卷进行审核、整理、计算、分析。）

（四）各销售网点奶制品销售量调查表

单位：250ml × 24 盒

	销　售　量								合　计	
	甲品种		乙品种		丙品种		丁品种		绝对数	比重（%）
	绝对数	比重（%）	绝对数	比重（%）	绝对数	比重（%）	绝对数	比重（%）		
A										
B										
C										
D										
E										
合　计										

（五）各销售网点奶制品销售价格等调查表

单位：250ml×24 盒

	甲品种			乙品种			丙品种			丁品种			合计	
	销售量	价格（元）	销售额（元）	销售量	价格（元）	销售额（元）	销售量	价格（元）	销售额（元）	销售量	价格（元）	销售额（元）	销售量	销售额（元）
A														
B														
C														
D														
E														
合计														

（此次调查活动共发放调查问卷________份，收回________份，其中城区调查户________，郊区调查户________，问卷的回收率为________%。现要求对收回的问卷进行审核、整理、计算、分析。）

附2：奶制品消费情况的调查户数或人数汇总表

	城区		郊区		合计	
	绝对数（户或人）	比重（%）	绝对数（户或人）	比重（%）	绝对数（户或人）	比重（%）
A						
B						
C						
D						
E						
合计						

附3：城区消费者对五种奶制品消费的满意程度调查汇总表

		满意		比较满意		一般		不满意	
		绝对数（户或人）	比重（%）	绝对数（户或人）	比重（%）	绝对数（户或人）	比重（%）	绝对数（户或人）	比重（%）
A	质量								
	品种								
	价格								
	包装								
	广告								

续表

		满　意		比较满意		一　般		不满意	
		绝对数（户或人）	比重（%）	绝对数（户或人）	比重（%）	绝对数（户或人）	比重（%）	绝对数（户或人）	比重（%）
B	质量								
	品种								
	价格								
	包装								
	广告								
C	质量								
	品种								
	价格								
	包装								
	广告								
D	质量								
	品种								
	价格								
	包装								
	广告								
E	质量								
	品种								
	价格								
	包装								
	广告								

附4：郊区消费者对五种奶制品消费的满意程度调查汇总表

		满　意		比较满意		一　般		不满意	
		绝对数（户或人）	比重（%）	绝对数（户或人）	比重（%）	绝对数（户或人）	比重（%）	绝对数（户或人）	比重（%）
A	质量								
	品种								
	价格								
	包装								
	广告								

续表

		满　意		比较满意		一　般		不满意	
		绝对数（户或人）	比重（%）	绝对数（户或人）	比重（%）	绝对数（户或人）	比重（%）	绝对数（户或人）	比重（%）
B	质量								
	品种								
	价格								
	包装								
	广告								
C	质量								
	品种								
	价格								
	包装								
	广告								
D	质量								
	品种								
	价格								
	包装								
	广告								
E	质量								
	品种								
	价格								
	包装								
	广告								

附5：奶制品销售情况的调查户数汇总表

	城　区		郊　区		合　计	
	绝对数（个）	比重（%）	绝对数（个）	比重（%）	绝对数（个）	比重（%）
A						
B						
C						
D						
E						
合　计						

附6：城区各销售网点奶制品销售量汇总表

单位：250ml×24盒

	销售量								合计	
	甲品种		乙品种		丙品种		丁品种		绝对数	比重（%）
	绝对数	比重（%）	绝对数	比重（%）	绝对数	比重（%）	绝对数	比重（%）		
A										
B										
C										
D										
E										
合计										

附7：郊区各销售网点奶制品销售量汇总表

单位：250ml×24盒

	销售量								合计	
	甲品种		乙品种		丙品种		丁品种		绝对数	比重（%）
	绝对数	比重（%）	绝对数	比重（%）	绝对数	比重（%）	绝对数	比重（%）		
A										
B										
C										
D										
E										
合计										

附8：城区各销售网点奶制品销售额汇总表

单位：250ml×24盒

	甲品种			乙品种			丙品种			丁品种			合计			
													销售量		销售额	
	销售量	销售额（元）	平均价格（元）	销售量	销售额（元）	平均价格（元）	销售量	销售额（元）	平均价格（元）	销售量	销售额（元）	平均价格（元）	绝对数	比重（%）	绝对数（元）	比重（%）
A																
B																
C																
D																
E																
合计																

附 9：郊区各销售网点奶制品销售额汇总表

单位：250ml×24 盒

	甲品种			乙品种			丙品种			丁品种			合　计			
													销售量		销售额	
	销售量	销售额（元）	平均价格（元）	销售量	销售额（元）	平均价格（元）	销售量	销售额（元）	平均价格（元）	销售量	销售额（元）	平均价格（元）	绝对数	比重（%）	绝对数（元）	比重（%）
A																
B																
C																
D																
E																
合　计																

附 10：奶制品销售量综合汇总表

	销售量		销售额		平均价格（元）
	绝对数（250ml×24 盒）	比重（%）	绝对数（万元）	比重（%）	
A					
B					
C					
D					
E					
合　计					

[**提示**]

1. 实际调查结果具有随机性，要求设计好调查方案，并对调查方案进行可行性研究。

2. 分析调查结果，撰写调查报告。

（1）随着我国人民生活水平的不断提高，奶制品已进入寻常百姓家。但在市场竞争激烈的情况下，奶制品这种特殊商品的质量是消费者特别关心的问题。因此，我们要从调查数据中得出结论：何种品牌的奶制品的质量是消费者最满意（或不满意）的。

（2）消费者因年龄、职业、收入水平、爱好等不同，在对奶制品质量提出要求的同时，还对其品种有不同的要求。因此，我们要从调查数据中得出结论：何种品种的奶制品是消费者最满意（或不满意）的。

（3）在消费者生活不十分富裕的情况下，部分消费者在关心商品质量、品种的同时，对商品价格的高低也有不同的要求，商品价格的高低与涨跌直接影响商品的销售量。因此，我们要从调查数据中得出结论：何种品牌、何种品种的奶制品的价格是消费者最满意（或不满意）的。

（4）在市场信息十分丰富、传递十分快捷的情况下，同等质量的同类商品，因其包装效果和宣传力度的不同，消费者的接受能力是有差别的，包装效果和广告宣传效果在一定程度上影响着商品的销售量，生产者和经营者关注的不仅仅是商品的质量、品种和价格，包装和宣传同样具有举足轻重的影响。因此，我们要从调查数据中得出结论：何种品牌的奶制品的包装和宣传是消费者最满意（或不满意）的。

（5）各品牌奶制品的销售量的多少及其所占比重的大小，说明各品牌的奶制品所占市场份额的大小。因此，我们要从调查数据中得出结论：何种品牌的奶制品的市场覆盖面广，占有率高；何种品牌奶制品的市场潜力有待开发，并说明原因。

3. 信息反馈。

将问卷调查的结果撰写成分析报告后，提供给有关的生产经营者作为其生产经营计划与决策的参考。

实训二：
数据的采集、整理和分析

[选题]

近几年来，我国的教育事业得到了迅速发展，各行各业亦在不断完善人才结构。社会人才白“金字塔”型构架逐步向“宝塔”型构架过渡，作为培养人才的学校更是如此。某市为了进一步加快教育事业的发展，优化教育资源，将相关的院校进行了整合，成立了一所综合性的职业技术学院。为了让学生了解和掌握数据采集、数据整理、数据分析的基本方法，我们拟选定该市整合后的某职业技术学院全体教师作为数据采集对象进行实地调查，以获取有关的信息数据并对这些数据进行加工整理和比较分析，说明学习知识和掌握技能的重要性，并激发学生努力学习、善于学习的积极性。

[资料搜集]

由于我们选定的数据采集对象比较特殊、稳定，因此，我们既可以从该学院人事部门和财务部门等现有的数据信息中直接获取数据（次级资料），也可以采用个别访问法搜集该院教师相关数据（原始资料）。

整合后的该院共有各类职工 2400 人，其中各类教师 2100 人，外聘兼职教师和返聘教师共计 378 人。全日制学生人数为 42000 人。

为了便于学生学习和理解数据采集、数据整理、数据分析的基本方法，我们拟从该院 2100 名教师（仅把本院全体教师作为总体）中抽选一个由 100 名教师组成的简单随机样本进行调查。

简单随机抽样的程序为：

第一，利用全院教职工名册，将全体教师的姓名排列起来，为每位教师编一个号码，依次为：0001—2100，从而形成一个抽样框（也可直接根据工号进行抽样）。

第二，对于这样一个 $N=2100$ 的总体，采取简单随机抽样方式抽取 $n=100$ 人的简单随机样本。为方便起见，我们采用常用的抽签法抽取样本。

首先，准备 2100 张小卡片，将全体教师依次进行编号，并将它们放在一个箱子里充分摇匀；然后在排除任何人为因素影响的条件下随机抽取 100 张卡片，以抽取的卡片上的号码所代表的 100 名教师为样本进行调查，所得有关调查结果如“附 1”所示。（现实生活中这种方法用起来很麻烦，尤其是当 N 很大时更不适用；同时，当卡片未充分摇匀时有可能造成随机性不理想的结果）

附1：随机抽样结果经整理后见下表：

某职业技术学院教师有关情况统计表

编　号	姓　名	性　别	年龄（岁）	学　历	职　称	月岗位工资（元）
0192	汤军辉※	男	38	研究生	副教授	2700
0092	李云霞	女	45	研究生	教授	3200
2031	陈文彬	男	57	本科	副教授	3000
1004	周思※	女	56	研究生	教授	3400
1085	柳玲丽	女	28	博士	助教	1900
2006	葛文艳	女	35	本科	讲师	2200
1017	陈建军※	男	46	研究生	副教授	2880
0068	贺明强	男	42	本科	讲师	2300
1009	蔡华	男	49	本科	副教授	2900
0110	杨彪	男	31	研究生	讲师	2100
1011	邢丽丽	女	31	研究生	讲师	2100
0312	王慧	女	35	博士	讲师	2200
0813	石圣华※	男	56	本科	副教授	3000
0146	邓红琼	女	26	研究生	助教	1700
0615	邓时敏※	女	41	本科	副教授	2700
0916	高贵英	女	39	本科	讲师	2200
0171	梁欢	女	43	本科	副教授	2800
0218	杨明	男	46	本科	讲师	2190
0619	邹晓阳	男	28	研究生	助教	1760
0720	陈光※	男	38	博士	讲师	2280
1021	黄海	男	38	博士	讲师	2280
0229	汪欢	女	46	研究生	副教授	2880
0273	胡果※	男	51	本科	副教授	2900
0524	邓军※	男	45	本科	副教授	2840
0258	梅骏	男	56	本科	讲师	2580
0216	杨春	男	36	博士	讲师	2200
0427	王三※	男	32	研究生	讲师	2100
0288	游兴	男	33	研究生	讲师	2150
0297	吴哲	男	37	博士	讲师	2250
0303	武琼	女	46	研究生	教授	3200
0319	熊明※	女	42	研究生	副教授	2880

续表 1

编 号	姓 名	性 别	年龄（岁）	学 历	职 称	月岗位工资（元）
0482	尹旭	男	29	研究生	助教	1900
0633	方曲	男	33	研究生	讲师	2150
0934	朱丽云※	女	46	研究生	副教授	2900
0135	夏燕	女	35	本科	讲师	2200
0366	唐苛	男	35	研究生	讲师	2250
0371	李行	男	53	本科	副教授	2940
0538	胡帅	男	27	研究生	助教	1900
0894	吴敏	女	52	本科	副教授	2900
0404	赵翔	男	41	博士	讲师	2400
1419	王辉	男	26	研究生	助教	1860
1462	陈迪	男	37	本科	讲师	2200
1943	邓飞※	男	31	研究生	讲师	2100
1044	杨林※	男	42	本科	讲师	2300
0945	赵伟国	男	40	博士	讲师	2300
0461	杜宴	男	31	研究生	讲师	2150
0477	皮娟	女	51	本科	副教授	2900
1448	郭丽※	女	36	本科	讲师	2200
1949	刘远	男	28	研究生	助教	1900
0650	毕林	男	35	研究生	讲师	2250
1518	杜慧	女	26	研究生	助教	1900
1527	熊丽丽	女	41	博士	讲师	2400
1630	毕晶晶	女	27	研究生	助教	1900
1054	刘硕	男	38	本科	讲师	2200
1555	魏重	男	50	研究生	教授	3340
1816	但莉	女	56	研究生	副教授	2980
0157	周大海※	男	46	本科	讲师	2460
1781	李大伟	男	26	研究生	助教	1860
1859	周萍	女	34	研究生	讲师	2200
1605	丁宜	女	50	研究生	教授	3320
1718	任长群※	男	47	本科	副教授	2880
1922	陈河	男	51	研究生	副教授	3000
1063	张巍※	男	42	研究生	副教授	2800
1364	陈全	男	26	研究生	助教	1700
1275	董兵	男	36	本科	讲师	2200
1267	吴子※	男	33	研究生	讲师	2300
1367	张佳丽	女	28	研究生	助教	1900

续表2

编　号	姓　名	性　别	年龄（岁）	学　历	职　称	月岗位工资（元）
1683	魏子明	男	36	研究生	讲师	2250
0169	刘菊	女	27	研究生	助教	1860
0710	汪玲	女	38	研究生	讲师	2320
0271	李持	男	47	本科	副教授	2880
0722	黄子华※	男	53	本科	副教授	2980
0735	周森	男	36	本科	讲师	2200
1384	郑丹※	女	45	本科	副教授	2880
0051	钟清	男	28	研究生	讲师	1900
1076	张子学	男	38	研究生	讲师	2300
0017	潘同※	男	41	博士	讲师	2400
0781	汪婷婷	女	36	本科	讲师	2200
1997	徐敏※	女	44	本科	讲师	2500
0120	熊厚雄	男	44	本科	讲师	2500
0071	甘骏	男	40	研究生	副教授	2700
0772	吴长江※	男	49	研究生	教授	3200
0873	李立功	男	38	本科	讲师	2200
0748	刘立群※	男	49	研究生	副教授	2880
0559	陈朝霞	女	32	博士	讲师	2350
0896	汤五军	男	31	研究生	讲师	2350
0977	蒋胜利	男	30	博士	讲师	2200
1708	杨立明	男	45	本科	讲师	2500
0993	邹阳光※	男	43	研究生	副教授	2790
0803	陈世光	男	47	本科	讲师	2520
0831	黄海涛※	男	52	本科	副教授	2960
1828	汪力毅※	男	46	研究生	副教授	2880
2083	胡理	男	29	研究生	讲师	2100
0114	邓子	男	35	研究生	讲师	2200
0126	刘骏	男	38	博士	讲师	2260
0096	杨扬	男	36	研究生	讲师	2200
0179	王国瑞	男	30	研究生	讲师	2200
0188	时兴	男	38	本科	讲师	2260
1389	吴鸣	男	43	博士	讲师	2500
0901	武玉琼※	女	44	研究生	副教授	2800

（注：教师姓名右上角有“※”者为双师型教师）

［要求］

1. 按性别、职称等标志分组设计一张复合分组表，并采用划记法计算出各组人数，并编制成变量数列表。

附 2：

某职业技术学院教师性别、职称构成表

		符　号	人　数	
			绝对数（人）	比重（%）
男教师	教授			
	副教授			
	讲师			
	助教			
女教师	教授			
	副教授			
	讲师			
	助教			
合　计				

2. 试设计一张统计表，采用划记法、过录法等完成“按教师年龄进行组距式分组”的整理工作，并计算各年龄组教师的月平均岗位工资，绘制相关的统计图，以直观、形象地显现统计数据。

附 3：

某职业技术学院教师按年龄分组的资料整理表

按年龄分组（岁）	职 工 人 数		月岗位工资（元）	
	符　号	人　数（人）	过　录	小　计
30 以下				
30～40				
40～50				
50～60				
合　计				

附4：

某职业技术学院按教师年龄分组而编制的变量数列表

按职工年龄分组（岁）	人　　数		月平均岗位工资（元）
	绝对数（人）	比重（%）	
30以下			
30～40			
40～50			
50～60			
合　　计			

附5：

次数分布图：

某职业技术学院教师年龄分布直方图

累计次数分布图：

某职业技术学院教师年龄分布折线图

3. 按样本教师月岗位工资额分组，编制男、女教师的次数分布表，据此数列计算男、女教师的月平均岗位工资水平，并比较男、女教师月平均岗位工资代表性的强弱。

附6：

某职业技术学院样本教师按月岗位工资额分组而编制的次数分布表

按月岗位工资分组（元）	符号		教师人数（人）		计算栏					
	男	女	男	女	男教师			女教师		
1500～2000										
2000～2500										
2500～3000										
3000以上										
合计										

男教师：$\bar{x}=\dfrac{\sum xf}{\sum f}=$

$$\sigma=\sqrt{\frac{\sum(x-\bar{x})^2f}{\sum f}}=$$

$$V=\frac{\sigma}{\bar{x}}=$$

女教师：$\bar{x}=\dfrac{\sum xf}{\sum f}=$

$$\sigma=\sqrt{\frac{\sum(x-\bar{x})^2f}{\sum f}}=$$

$$V=\frac{\sigma}{\bar{x}}=$$

代表性分析与评价：

4. 根据教师月岗位工资额的样本分组资料，试以95.45%的概率估计全体教师月平均岗位工资额的可能范围。

附7：

某职业技术学院教师月岗位工资额的样本分组资料表

按月岗位工资分组（元）	符　号	教师人数（人）	计算栏			
1500～2000						
2000～2500						
2500～3000						
3000以上						
合　计						

平均岗位工资：$\bar{x}=\frac{\sum xf}{\sum f}=$

标准差：$\sigma=\sqrt{\frac{\sum(x-\bar{x})^2 f}{\sum f}}=$

抽样平均误差：$\mu_{\bar{x}}=\sqrt{\frac{\sigma^2}{n}\left(1-\frac{n}{N}\right)}=$

抽样极限误差：$\Delta_{\bar{x}}=t\cdot\mu_{\bar{x}}=$

全体教师月平均岗位工资的可能范围：

[注意]

第一，根据“附4”资料计算的平均数与根据“附7”资料计算的平均数是不一样的，用以推断全体教师平均工资基本可能范围的结果也是不一样的。因为根据“附7”资料计算的平均数具有一定的假定性，它是以各组的组中值为代表值来计算的。

第二，若应用Excel进行数据整理，则可直接得到分组结果。

（1）用FREQUENCY函数对样本教师月工资额进行分组。

提示：用FREQUENCY函数进行统计分组，应将样本教师月工资数据输入Excel表的一列中，并选定放置分组结果的区域，然后按下列步骤进行操作：第一步，从“插入”菜单中选择“函数”项，或单击“常用”工具栏的“fx”按钮，弹出“粘贴函数”对话框，在对话框左侧“函数分类”列表中选择“统计”，再在右侧“函数名”列表中选择“FREQUENCY”，确定（回车）进入FREQUENCY对话框。在其中的Date_array框中输入待分组的频数分布的原数据区域；在Bins_array框中输入分组的组限。本例可输入：2500，3500，4500等。第二步，按Shift + Ctrl + Enter组合键即可。

（2）使用“直方图”工具对样本教师月工资额进行分组，计算频率和绘制统计图。

提示：使用“直方图”工具，第一，应将教师月工资额输入Excel表的A列中，并将其排序；第二，输入分组边界值（即各组的组限：2500，3500，4500等）；第三，在“工具”菜单中单击“数据分析”项，从弹出的“数据分析”对话框中选择“直方图”并确定打开；第四，在“直方图”对话框中的“输入区域”框中输入原始数据的区域，在“接受区域”框中输入单位数按组归类的区域，同时选定“标志”复选框；第五，在“输出区域”框中键入输出表格左上角的单元格行列号。如果需要同时给出次数分布直方图，可单击“图表输出”复选框；如果需要输出累计频率，可单击选定“累计百分比”复选框，系统将在直方图上添加累计频率折线。第六，回车确定。

5. 为便于计算与分析，假设教师样本的结构能完全代表教师总体的结构，样本教师均为专任教师且为专业基础课和专业课教师，根据《高等职业院校人才培养工作评估方案》的有关规定，就专任教师和兼职教师的结构而言，试分析该院专任教师和兼职教师的结构是否符合相关要求？达到了何等级标准？并做简要分析。

附 8：

高等职业院校人才培养工作评估指标等级及说明（摘录）

一级指标	二级指标	主要观测点	参考权重	等级标准		说明
				C（合格）	A（优秀）	
2. 师资队伍建设	2.1 结构	学生与教师比例	0.2	生师比例达到《普通高等学校基本办学条件指标》合格标准	①学生：教师 ≤ 16：1（艺术体育院校除外） ②50% 的专任教师周学时 ≤12	计算学生数与教师数之比时，学生数按各类全日制学生的自然人数计算；教师数计算范围除专任教师外，还包括校内“双肩挑”的学校行政人员和校外的兼职教师及返聘教师。兼职教师教学时数按每学期 120 学时进行折算。
		专任教师结构	0.6	①青年教师中研究生学历或硕士及以上学历比重达到 15% ②高级职称比重达到 20% ③专业基础课和专业课中双师素质教师的比重达到 50%	①青年教师中研究生学历或硕士及以上学历比重达到 35% ②高级职称（不含高级讲师）比重达到 30% 以上，且各专业的结构分布合理，大多数专业教师是有高级职称的专业带头人 ③专业基础课和专业课中双师素质教师的比重达到 70%	青年教师指 40 周岁以下的教师，计算其学历结构时：良好、合格标准可包括在读研究生，优秀则必须是已经取得研究生学历或学位者方可计入。 双师型教师是指具有讲师（或以上）教师职称，同时又具备本专业实际工作的中级（或以上）技术职称者（含行业特许的资格证书，及具有专业资格或专业技能考评员资格）等。 专任教师结构的三个观察点的权重系数依次为 0.1、0.2、0.3。
		兼职教师数量与结构	0.2	①兼职教师队伍的专业结构与学校专业设置相适应 ②兼职教师人数占专业课与实践指导教师合计数的比重达到 10%	①兼职教师一般具有中级以上职称，其中高级职称占 30% 以上，专业结构与学校专业设置相适应 ②兼职教师人数占专业课与实践指导教师合计数的比重达到 20% ③兼职教师的教学效果好	兼职教师是指学校正式聘任的，已独立承担一门专业课教学或实践教学任务的校外企业及社会实践经验丰富的名师专家、高级技术人员或技师及能工巧匠。

附9：

样本教师按职称分组的人数及结构统计表

符　　号		人　　数	
		绝对数（人）	比重（%）
教授			
副教授			
讲师			
助教			
合　　计			

附10：

样本教师按是否具有双师素质分组的人数及结构统计表

符　　号		人　　数	
		绝对数（人）	比重（%）
双师型教师			
非双师型教师			
合　　计			

6. 根据《高等职业院校人才培养工作评估方案》的有关规定，试分析该院师生比例达到了何等级标准？并做简要分析。

实训三：宏发有限责任公司毛线销售量预测

［选题］

宏发毛线厂（现更名为宏发有限责任公司）自1988年建成投入生产以来，一直在起伏波动中艰难地发展着。近年来，由于产品质量的提高和营销力度的加大，其产销量迅速增加。为了正确制订新的生产经营计划，提高产品的市场占有率，有必要对明年的毛线销售行情进行趋势预测和季节变动分析。

统计预测的方法很多，数学模型预测法是一种定量预测方法，但在不同的情况下应用的具体方法是有选择的，我们必须从实际出发，先对现象的变化情况进行定性分析，然后再进行定量分析。根据教材所述内容，通过本例的学习，旨在让学员了解和掌握现象动态分析的基本原理和方法。

［资料搜集］

宏发有限责任公司自2017年以来加强了生产经营管理，强化了市场营销要素和营销环境分析，使企业不断适应市场变化的需要，因而其年销售量不断增加。我们将该公司2017年以来各月份的毛线销售量资料经整理后编制成平行数列，以便进行分析研究之用。然后我们将分析研究结果提供给管理者，为其拟定生产经营计划和决策服务。该公司有关销售量的具体情况见下表：

2017年至2023年各月份的毛线销售量统计表 单位：万斤

年份 月份	2017	2018	2019	2020	2021	2022	2023
1	53	75	87	104	123	133	145
2	40	63	85	98	110	124	137
3	37	61	70	90	99	112	125
4	33	54	66	81	95	109	120
5	20	31	37	60	73	85	95
6	11	18	22	37	52	66	77
7	5	8	11	18	35	49	61
8	10	15	20	34	50	64	75
9	37	45	60	66	87	101	122
10	43	58	74	80	98	105	126
11	70	73	95	103	113	122	131
12	76	87	111	118	119	138	150
合计	435	588	738	889	1054	1208	1364

［要求］

1. 分析上表的年销售量资料，观察该公司年毛线销售量的变化规律，选择适当的数学模型，预测该公司2024年的毛线销售量。

提示：从该公司每年各月份的毛线销售量资料分析，毛线这种特殊商品，其销售量会随着春夏秋冬的自然更替而呈现出明显的季节性变化的特征，但其年销售量却呈现出不断增加的态势。怎样才能选择到最适合的趋势线类型呢？首先，应进行定性分析，研究现象发展变化的一般规律，从而对现象长期趋势的性质做出基本判断；其次，可根据时间数列的观察值绘制散点分布图，从散点分布图的基本态势上判断其毛线销售量随时间的变化而变化的大致类型；最后，根据数据特征进行判断分析：当时间数列的逐期增长量（一级增长量）大致相等时，可以拟合直线方程；当时间数列的二级增长量大致相等时，可以拟合二次曲线方程；当时间数列的环比增长速度大致相等时，可以拟合指数曲线方程。《统计基础知识》一书仅介绍趋势直线的拟合方法。

附1：

各年毛线销售量的逐年增长量计算表

单位：万斤

年份	2017年	2018年	2019年	2020年	2021年	2022年	2023年
销售量	435	588	738	889	1054	1208	1364
逐年增长量	—						

结论说明：

附2：

毛线销售量直线趋势预测计算表

年份	序号	销售量（万斤）	计算栏		
	t	y	t^2	ty	y_c
2017	1	435			
2018	2	588			
2019	3	738			
2020	4	889			
2021	5	1054			
2022	6	1208			
2023	7	1364			
合计					

直线方程为：$y_c = a + bt$

则：$\begin{cases} a = \dfrac{\sum y}{n} - b\dfrac{\sum t}{n} = \\ b = \dfrac{n\sum ty - \sum t \cdot \sum y}{n\sum t^2 - (\sum t)^2} = \end{cases}$

因为：$a =$

$b =$

所以，直线趋势方程为：

2024 年（$t = 8$）该厂毛线的销售量的预测值为：

附 3：

毛线销售量直线趋势预测的简捷计算表

年份	序号	销售量（万斤）	计算栏		
	t	y	t^2	ty	y_c
2017	-3	435			
2018	-2	588			
2019	-1	738			
2020	0	889			
2021	1	1054			
2022	2	1208			
2023	3	1364			
合计					

直线方程为：$y_c = a + bt$

则：$\begin{cases} a = \dfrac{\sum y}{n} = \\ b = \dfrac{\sum ty}{\sum t^2} = \end{cases}$

直线趋势方程为：

2024 年（$t = 4$）该公司毛线的销售量的预测值为：

（提示：若将序号和销售量资料输入 Excel 表中，打开“粘贴函数”对话框，选择“统计”中的“INTERCEPT”函数，回车打开对话框。在“INTERCEPT”对话框的 Known _ y's 框中输入销售量的区域，在 Known _ x's 框中输入序号区域，对话框底部将显示截距的结果；再用同样的步骤打开“SLOPE”函数对话框，照此操作，则可得到斜率的结果。）

2. 计算毛线销售量的季节比率，并根据 2024 年毛线销售量的预测值进一步预测该年各月份的可能毛线销售量。

提示：季节比率的计算步骤为：

（1）将 n 年各月（或季）的资料排列成平行数列；

（2）计算不同年份相同月份（或季度）的合计数、平均数；

$$\text{同月平均数}=\frac{\text{不同年份相同月份的销售量之和}}{\text{年数}}$$

（3）计算 n 年的总月（或季）平均数；

$$\text{总月平均数}=\frac{n\text{ 年共计 }n\times12\text{ 个月的销售量之和}}{n\times12}$$

（4）将各同月（或季）平均数与总月（或总季）平均数对比，计算季节比率；

$$\text{季节比率}=\frac{\text{同月平均数}}{\text{总月平均数}}\times100\%$$

（5）计算调整系数（各月季节比率之和应等于1200%，各季的季节比率之和应为400%，否则应计算调整系数进行调整）。

（6）预测。根据已知条件预测未来情况。

附4：

毛线销售量的季节比率计算表

单位：万斤

年份 月份	2017	2018	2019	2020	2021	2022	2023	四年合计	月平均数	季节比率（%）	调整后的季节比率（%）
1	53	75	87	104	123	133	145				
2	40	63	85	98	110	124	137				
3	37	61	70	90	99	112	125				
4	33	54	66	81	95	109	120				
5	20	31	37	60	73	85	95				
6	11	18	22	37	52	66	77				
7	5	8	11	18	35	49	61				
8	10	15	20	34	50	64	75				
9	37	45	60	66	87	101	122				
10	43	58	74	80	98	105	126				
11	70	73	95	103	113	122	131				
12	76	87	111	118	119	138	150				
合计	435	588	738	889	1054	1208	1364				
平均											

3. 根据季节比率绘制季节变动曲线图。

实训四：彩虹麻花股份有限公司生产经营情况分析

［选题］

彩虹麻花股份有限公司近几年来得到了迅速发展，产品供不应求，为了进一步拓宽公司的发展空间，提高产品的市场占有率和公司的抗风险能力，公司决定：在确保产品质量的基础上增加产品品种，改进产品包装，加大营销力度。同时，要不断总结经验教训（生产规模虽不断扩大，但利润率偏低，增长速度缓慢），认真研究过去的产销情况，进一步加强生产和经营管理，以适应不断变化的新形势的需要。

［数据采集与整理］

1. 进行市场调查，采集必要的数据，为数据分析和生产经营决策服务。

2. 利用次级资料进行数据分析。根据本公司现有的数据分析，该公司生产的产品品种比较单一，加之本年度生产麻花所需要的主要原料（面粉、食用油等）和燃料（煤）的进货价格不断上升，职工的工资水平也不断提高，同业竞争又非常激烈，这为公司的发展带来了很大的压力。同时营销队伍有待扩大，营销人员的素质也有待提高，营销面有待拓宽。所搜集的该公司近两年来有关的主要生产经营情况的数据经整理后见下表：

彩虹麻花股份有限公司近两年来的主要生产经营情况

项　目	计量单位	上年度	本年度
1. 职工人数	人	280	320
其中：生产工人	人	250	270
2. 销售量	万箱	89.6	118
3. 出厂价格	元/箱	40	40
4. 销售收入	万元	3584	4720
5. 单位销售成本	元/箱	32	33
6. 总成本	万元	2867.2	3894
7. 税金	万元	230	330
8. 利润	万元	486.8	496

［要求］

1. 试建立指数体系，并从相对数和绝对数方面分析该公司职工人数和劳动生产率的变化对销售收入变化的影响。

附 1：

	符　号	上年度	本年度	计　算　栏	
				增长量	增长速度（%）
职工人数（人）	F	280	320		
其中：生产工人	f	250	270		
销售收入（万元）	Y	3584	4720		
全员劳动生产率（万元/人）	R				
生产工人劳动生产率（万元/人）	r				

第一，全员劳动生产率分析：

销售收入指数：

销售收入指数 = 职工人数指数 × 全员劳动生产率指数

$$\bar{K}_{FR}=\frac{\text{报告期收入}}{\text{基期收入}}=\frac{Y_1}{Y_0}=\frac{\sum F_1R_1}{\sum F_0R_0}=$$

结果说明：

其中：（1）职工人数变化对销售收入产生的影响

职工人数指数：

$$\bar{K}_F=\frac{\sum F_1R_0}{\sum F_0R_0}=$$

结果说明：

（2）全员劳动生产率变化对销售收入产生的影响

全员劳动生产率指数：

$$\bar{K}_R=\frac{\sum F_1R_1}{\sum F_1R_0}=$$

结果说明：

(3) 综合分析

从绝对数方面分析：

$\sum F_1R_1 - \sum F_0R_0 = (\sum F_1R_0 - \sum F_0R_0) + (\sum F_1R_1 - \sum F_1R_0) =$

从相对数方面分析：

$\bar{K}_{FR} = \bar{K}_F \times \bar{K}_R =$

综合说明：

第二，生产工人劳动生产率分析：

销售收入指数：

销售收入指数 = 生产工人人数指数 × 生产工人劳动生产率指数

$$\bar{K}_{fr} = \frac{\text{报告期收入}}{\text{基期收入}} = \frac{Y_1}{Y_0} = \frac{\sum f_1 r_1}{\sum f_0 r_0} =$$

结果说明：

其中：(1) 生产工人人数变化对销售收入产生的影响

生产工人人数指数：

$$\bar{K}_f = \frac{\sum f_1 r_0}{\sum f_0 r_0} =$$

结果说明：

(2) 生产工人劳动生产率变化对销售收入产生的影响

生产工人劳动生产率指数：

$$\bar{K}_r = \frac{\sum f_1 r_1}{\sum f_1 r_0} =$$

结果说明：

（3）综合分析

从绝对数方面分析：

$\sum f_1 r_1 - \sum f_0 r_0 = (\sum f_1 r_0 - \sum f_0 r_0) + (\sum f_1 r_1 - \sum f_1 r_0) =$

从相对数方面分析：

$\bar{K}_{fr} = \bar{K}_f \times \bar{K}_r =$

综合说明：

2. 试建立指数体系，并从相对数和绝对数方面分析销售量和销售价格的变化对销售收入变化的影响。

附2：

	销售量（万箱）		价格（元/箱）		销售收入（万元）	
	上年度	本年度	上年度	本年度	上年度	本年度
符号	q_0	q_1	p_0	p_1	Y_1	Y_0
数据	89.6	118	40	40	3584	4720

销售收入指数：

$$\bar{K}_{qp} = \frac{\text{报告期收入}}{\text{基期收入}} = \frac{Y_1}{Y_0} = \frac{\sum q_1 p_1}{\sum q_0 p_0} =$$

结果说明：

其中：（1）销售量变化对销售收入的影响

销售量指数：

$$\bar{K}_q = \frac{\sum q_1 p_0}{\sum q_0 p_0} =$$

结果说明：

（2）销售价格变化对销售收入的影响

销售价格指数：

$$\bar{K}_p = \frac{\sum q_1 p_1}{\sum q_1 p_0} =$$

结果说明：

（3）综合分析

从绝对数方面分析：

$$\sum q_1 p_1 - \sum q_0 p_0 = (\sum q_1 p_0 - \sum q_0 p_0) + (\sum q_1 p_1 - \sum q_1 p_0) =$$

从相对数方面分析：

$$\bar{K}_{qp} = \bar{K}_q \times \bar{K}_p =$$

综合说明：

3. 试建立指数体系，并从相对数和绝对数方面分析销售量和单位销售成本的变化对总成本变动的影响。

附 3：

	销售量（万箱）		成本（元/箱）		总成本（万元）	
	上年度	本年度	上年度	本年度	上年度	本年度
符号	q_0	q_1	z_0	z_1	M_0	M_1
数据	89.6	118	32	33	2867.2	3894

总成本指数：$\bar{K}_{qz} = \frac{报告期总成本}{基期总成本} = \frac{M_1}{M_0} = \frac{\sum q_1 z_1}{\sum q_0 z_0} =$

结果说明：

其中：（1）销售量变化对总成本产生的影响

销售量指数：

$\bar{K}_q = \frac{\sum q_1 z_0}{\sum q_0 z_0} =$

结果说明：

（2）单位销售成本的变化对总成本的影响

单位销售成本指数：

$\bar{K}_z = \frac{\sum q_1 z_1}{\sum q_1 z_0} =$

结果说明：

（3）综合分析

从相对数方面分析：

$\bar{K}_{qz} = \bar{K}_q \times \bar{K}_z =$

从绝对数方面分析：

$\sum q_1 z_1 - \sum q_0 z_0 = (\sum q_1 z_0 - \sum q_0 z_0) + (\sum q_1 z_1 - \sum q_1 z_0) =$

综合说明：

4. 对该公司生产与经营情况从整体上进行简要的分析说明。

附4：

项目	计量单位	上年度	本年度	计算栏	
				增长量	增长速度（%）
1. 职工人数	人	280	320		
其中：生产工人	人	250	270		
2. 销售量	万箱	89.6	118		
3. 出厂价格	元/箱	40	40		
4. 销售收入	万元	3584	4720		
5. 单位销售成本	元/箱	32	33		
6. 总成本	万元	2867.2	3894		
7. 税金	万元	230	330		
8. 利润	万元	486.8	496		

分析结论：

实训五：
山阳酒业股份有限公司产量与单位成本的相关分析

[**选题**]

自然界和社会现象中的许多事物，彼此之间都是有机联系、相互制约的，离开了周围现象和条件而独立存在的现象是不存在的。现象间的相互联系、相互制约，构成了错综复杂的客观世界，也构成了世界的运动和发展。社会经济现象也是如此，一个部门的发展会影响相关部门的发展，同时又受相关部门发展的影响和制约。山阳酒业股份有限公司（生产的产品为“山阳大曲”）本年度与上年度相比，生产规模和销售规模均有不同程度的扩大，但经济效益却无明显提高。影响其经济效益提高的原因是错综复杂的，但其中一个重要原因是其上游产品价格的提高导致了其生产成本提高。同时规模效益也是值得关注的一个问题。为了提高经济效益，加强管理，增强市场竞争能力，该公司统计人员利用有关资料对其产品的单位成本等进行了相关分析。

[**数据采集与整理**]

根据本公司现有的数据分析，该公司生产的产品品种比较单一，本年度生产“山阳大曲”所需要的主要原料（粮食）和燃料（煤）等的进货价格不断上升，职工的工资水平也不断提高，这些因素是影响其单位产品成本难以下降的重要原因。同时，该公司产品的生产和销售在一定程度上还受季节性变化的影响，即每年的夏季前后因受销售量减少的影响，生产规模不得不有所压缩。生产规模的压缩，导致分摊在单位产品中的固定成本所占比重增大。（因为该公司部分产品的销售货款尚未收回，公司资金周转困难，需要依赖贷款维持正常运转。在正常情况下，贷款规模的大小是随产量的多少而变化的，贷款利息也应计入可变成本之中。但由于其贷款余额较大，在短期内又无力偿还，因而其贷款利息基本上成为了一项固定的开支，其贷款利息可视为固定成本中的一部分。）从该公司的实际情况看，其生产规模的大小直接影响其产品生产成本的高低。这是导致该公司单位产品销售成本较上年度提高的又一个重要原因。至于职工工资水平的上涨可谓是大势所趋，否则难以引进和留住优秀的技术人才、管理人才和营销人才。可喜的是，在其单位可变成本中，其单耗稳中有降，抵消了部分原材料价格上扬的消极影响。我们将所搜集的该厂近两年来主要生产经营情况的资料整理后如下表所示：

山阳酒业股份有限公司近两年来的产销量及单位成本构成情况

项　目	计量单位	上年度			本年度		
		数量	单价	金额	数量	单价	金额
一、产量	吨	6800			8000		
二、销售量	吨	6500			7800		
三、人均工资	元			21000			24000
四、单位成本	元			5131			5672.5
（一）单位可变成本	元			4406			4837.5
1. 粮食	吨	3	1300	3900	3	1400	4200
2. 煤	吨	1.5	220	330	1.4	280	392
3. 电	度	350	0.3	105	340	0.3	102
4. 其他				71			143.5
（二）单位固定成本	元			725			835
成本总额	万元			493			668
1. 管理费	万元			180			220
2. 财务费	万元			163			263
3. 折旧费	万元			60			60
4. 工资	万元			80			110
5. 其他	万元			10			15

随着人们生活水平的提高和消费意识的增强，消费结构不断改善，白酒消费量所占的比重不断下降，这是大势所趋。但该公司白酒的产销率却很高，上年度为95.6%，本年度高达97.5%，这说明其产品的市场潜力是比较大的。但因受季节性变化的影响，该公司每年夏季前后的产销量却很低，这说明公司生产的均衡性较差。这是企业决策者必须要关注的问题。否则，在产品销售价格相对稳定的条件下，在生产的淡季，当固定成本总额一定时，产量越低，产品中的单位固定成本所占的比重就越高，也就必然导致其单位生产成本提高（单位产品成本包含可变成本和固定成本两部分，而分摊到单位产品上的固定成本是随着产量的变化而变化的），这当然直接影响其年均生产成本的降低，因而也就直接影响其经济效益的提高。这可从该公司各月份的产销量上明显地反映出来。

山阳酒业股份有限公司近两年来各月产量及单位成本统计表

上年度			本年度		
月份	产量（吨）	单位成本（元）	月份	产量（吨）	单位成本（元）
1	800	4850	1	900	5600
2	750	4900	2	800	5700
3	700	5300	3	700	5800
4	500	5500	4	600	5900
5	400	5600	5	500	6000
6	200	5800	6	300	6100
7	180	6000	7	200	6200
8	200	5800	8	300	6100
9	500	5500	9	600	5900
10	700	5300	10	800	5700
11	870	4800	11	1100	5400
12	1000	4600	12	1200	5200
合计	6800	5131	合计	8000	5672.5

提示：表中数据显示，近两年来该公司产品各月份的产量和单位成本的波动都比较大，两个年度中的7月份前后（高温季节）的产品产量均进入低谷，而其单位成本也最高；12月份（进入元旦和春节期间）产量最高，而单位成本也最低，产量的极差分别为820吨和1000吨，单位成本的极差分别为1200元和2250元。可见，季节的变化直接影响其产量的变化，而产量的多少又直接影响其单位成本的高低，即产量越低，单位成本越高，产量越高，单位成本越低，产量与单位生产成本之间存在着密切的相关关系。（如果将该公司两年的情况作为总体进行分析，因受原材料价格上涨等因素影响，这种相关性并不十分明显。如果将该公司两年的情况分别进行产量与单位成本的相关分析，这种相关性就十分明显了。）

［要求］

1. 对该公司产品单位成本的构成及变动情况进行简要分析。

2. 绘制分年度的产量与单位成本之间的散点分布图，判断其相关形式和相关方向。

附1：散点分布图

上年度产量与单位成本之间的散点分布图

本年度产量与单位成本之间的散点分布图

说明：

3. 对产量与单位生产成本进行相关分析和回归分析。

（1）计算相关系数，说明上年度产量与单位生产成本之间的相关关系，如果有必要，试建立以产量为自变量的回归方程并进行预测。

附2：

上年度产量与单位成本之间的相关系数计算表

序号	产量（吨）	单位成本（元）	计算栏		
	x	y	x^2	y^2	xy
1	180	6000			
2	200	5800			
3	200	5800			
4	400	5600			
5	500	5500			
6	500	5500			
7	700	5300			
8	700	5300			
9	750	4900			
10	800	4850			
11	870	4800			
12	1000	4600			
合计					

$$r=\frac{n\sum xy-\sum x\sum y}{\sqrt{n\sum x^2-\left(\sum x\right)^2}\sqrt{n\sum y^2-\left(\sum y\right)^2}}=$$

说明：

（提示：若将产量和单位成本输入Excel表格中，可点击Excel函数按纽“f_x”，选择“统计”函数；在统计函数中点击“CORREL”进入函数导向；在“Array1”中输入“产量”的数据区域；在“Array2”中输入“单位成本”的数据区域，则可得到计算结果。）

回归方程式：$y_c=a+bx$

$$\begin{cases} a = \frac{\sum y}{n} - b\frac{\sum x}{n} = \\ b = \frac{n\sum xy - \sum x \sum y}{n\sum x^2 - (\sum x)^2} = \end{cases}$$

则：$a =$

$b =$

回归方程为：

预测：

(2) 计算相关系数，说明本年度产量与单位生产成本之间的相关关系，如果有必要，试建立以产量为自变量的回归方程并进行预测。

附3：

本年度产量与单位成本之间的相关系数计算表

序号	产量（吨）	单位成本（元）	计 算 栏		
	x	y	x^2	y^2	xy
1	200	6200			
2	300	6100			
3	300	6100			
4	500	6000			
5	600	5900			
6	600	5900			
7	700	5800			
8	800	5700			
9	800	5700			
10	900	5600			
11	1100	5400			
12	1200	5200			
合计					

$$r = \frac{n\sum xy - \sum x \sum y}{\sqrt{n\sum x^2 - (\sum x)^2}\sqrt{n\sum y^2 - (\sum y)^2}} =$$

说明：

回归方程式：$y_c = a + bx$

$$\begin{cases} a = \dfrac{\sum y}{n} - b\dfrac{\sum x}{n} = \\ b = \dfrac{n\sum xy - \sum x\sum y}{n\sum x^2 - (\sum x)^2} = \end{cases}$$

则：$a =$

$b =$

回归方程为：

预测：

（3）计算相关系数，说明近两年产量与单位生产成本之间的相关关系，如果有必要，试建立以产量为自变量的回归方程并进行预测。

附 4：

近两年产量与单位成本之间的相关系数计算表

序号	产量（吨）	单位成本（元）	计 算 栏		
	x	y	x^2	y^2	xy
1	180	6000			
2	200	5800			
3	200	5800			
4	200	6200			
5	300	6100			
6	300	6100			
7	400	5600			
8	500	5500			
9	500	5500			
10	500	6000			
11	600	5900			
12	600	5900			
13	700	5300			
14	700	5300			
15	700	5800			
16	750	4900			
17	800	4850			
18	800	5700			
19	800	5700			
20	870	4800			
21	900	5600			
22	1000	4600			
23	1100	5400			
24	1200	5200			
合 计					

$$r=\frac{n\sum xy-\sum x\sum y}{\sqrt{n\sum x^2-(\sum x)^2}\sqrt{n\sum y^2-(\sum y)^2}}=$$

说明：

回归方程：$y_c=a+bx$

$$\begin{cases}a=\dfrac{\sum y}{n}-b\dfrac{\sum x}{n}=\\ b=\dfrac{n\sum xy-\sum x\sum y}{n\sum x^2-(\sum x)^2}=\end{cases}$$

则：

$a=$

$b=$

回归方程为：

预测：

提示：相关系数越接近于 -1 或 +1，说明两变量之间的线性相关关系越密切；相关系数越接近于 0，说明两变量之间的线性相关关系越不密切。只有现象间存在着显著及以上的相关关系，才能建立回归方程进行回归分析，否则，即使建立了回归方程并进行回归分析，也必然存在较大的误差。

就本例而言，若对本年度和上年度分别进行相关分析，因产量与单位生产成本之间的相关关系非常密切，因而进行回归分析并进行回归预测，具有一定的准确性。如果将两年的产量与单位成本结合起来进行相关分析，因时间因素变化，影响单位成本的其他因素发挥了制约作用，因而产量与单位成本之间不存在高度相关的相关关系，因此，建立的回归方程代表性不强，用以进行预测会存在一定的误差。

附：

期中考试模拟试卷（一）

一、填空题（0.5×40=20分）

1. 统计工作的基本工作过程包括__________、__________、__________等。

2. 统计指标有__________、__________、__________等特点。

3. 抽样调查的样本单位是__________选择的，抽样调查的特点包括__________、__________、__________等；抽样调查的优势有__________、__________、__________和__________。

4. 综合指标的主要表现形式有__________、__________和__________等。

5. 某企业计划规定产品销售利润比上年增长12%，实际比上年增长了18%，则其计划完成程度为__________。如果上年的产品销售利润为800万元，则本年的实际利润额为__________。

6. 六种相对数的基本计算公式分别为________________；________________；________________；________________；________________；________________。

7. 问卷问题排列顺序的规则是____________________、____________________、____________________、____________________。

8. 加权算术平均数的权数既可以是__________，也可以是__________。

9. 中位数是总体各单位的标志值按大小顺序排列后__________的标志值，它是一个__________平均数。在单项式变量数列中，当变量值的个数（n）为奇数时，中位数的位置在第__________项上；当变量值的个数（n）为偶数时，中位数的位置在第__________项上。

10. 测定标志变异程度的指标有__________、__________、__________和__________等。其中，最常用的指标是__________。

二、判断题（1×10=10分）

1. 构成总体的各单位在某方面必须是同质的，在其他方面必须要有差异。（　　）

2. 时期指标数值的大小与时期间隔的长短密切相关，所以时间间隔越长，该指标的数值一定越大。（　　）

3. 普查是全面调查，它能搜集全面、准确的统计资料，因而它是统计调查方法中的一种最好方式。（ ）

4. 标志变异指标越大，其平均数的代表性就越强。（ ）

5. 人口总数是时点指标，新生人口数是时期指标。（ ）

6. 计算相对数的基本原则是保持分子与分母的可比性，因此在计算强度相对数时，其分子与分母的计算范围、计量单位等一定要保持一致。（ ）

7. 总量指标数值的大小一定随总体范围的大小而变化，而相对指标和平均指标的大小不一定随着总体范围的大小而变化。（ ）

8. 平均指标在体现现象总体的共性时也同时表现了现象的个性。（ ）

9. 几何平均数是最常用的计算平均指标的方法。（ ）

10. 在比较两个数列平均数代表性强弱时，若其平均数相等，则只需用标准差的大小来直接进行判断。（ ）

三、单项选择题（1×8=8分）

1. 统计学研究对象中的“总体性（或称大量性）”特点是指（ ）。

①必须对总体的全部单位进行调查

②只需对总体的大部分单位进行调查

③对总体的全部或足够多的单位进行调查，以研究各单位的数量特征和数量表现

④对总体各单位的大量情况进行调查

⑤从整体上研究现象的数量表现把握现象发展变化的规律性

2. 离散变量是指（ ）。

①变量在其变化范围内可取任意值

②变量在其变化范围内只能取整数

③变量在其变化范围内可取整数、小数和零

④变量在其变化范围内可取正整数、小数和零，但不能取负数

3. 经常性调查和一次性调查的划分依据是（ ）。

①是否对调查的全部情况都进行调查

②是否对研究的全部对象的全部单位都进行调查

③是否采用报表的方式提供资料

④是否能连续地进行登记

4. 对日光灯管的使用寿命进行质量检验，应采用（ ）的调查方法。

①重点调查　　②抽样调查

③普查　　④典型调查

5. 统计分组的关键是（ ）。

①正确选择分组标志　　②确定组数

③确定组距　　④正确划分各组的数量界限

6. 统计表分为简单表、分组表和复合表的依据是（ ）。

①主词是否分组及分组后的排列形式

②宾词是否分组及分组后的排列形式
③主词分组
④宾词分组
7. 检查长期计划完成情况的方法有(　　)。
①几何平均法和方程式法
②简单算术平均法和加权算术平均法
③累计法和水平法
④算术平均法和调和平均法
8. 将不同地区或单位同类指标的数值进行对比而得到的相对数是(　　)。
①比较相对数　　②比例相对数
③强度相对数　　④结构相对数

四、多项选择题（2×5=10 分）

1. 标志和指标之间的关系表现在(　　　　)。
①标志说明总体单位的特征，指标说明总体的数量特征
②二者都是可量的
③指标都是可量的，而标志不一定都可量
④标志值与指标值都要经过综合才能得到
⑤此条件下的指标有可能成为彼条件下的标志
2. 统计调查中的调查单位和填报单位(　　　　)。
①是两个作用相同的概念
②是两个没有任何联系的概念
③两者有联系，但作用不相同
④二者可能一致，也可能不一致
⑤调查单位是调查标志的承担者，填报单位则是负责提交调查资料的单位
3. 确定组距式变量数列的组限(　　　　)。
①应有利于表现总体分布的规律性
②最小组的下限可以略低于最小变量值
③最大组的上限可以略低于最大变量值
④各组上下限的数值最好是组距的倍数
⑤按连续变量时相邻组组限可以重叠
4. 下列指标中属于强度相对指标的是(　　　　)。
①人均国内生产总值
②平均每百户电视机拥有量
③人均粮食消费量
④人均生铁产量
⑤人均住房面积
⑥人均月工资额

5. 下列属于时期指标的有(　　　)。

①在册职工人数　　②煤炭产量

③银行存款余额　　④人均生铁产量

⑤住房面积　　⑥工资额

五、简答题（10 分）

1. 重点调查、典型调查和抽样调查有何异同？（5 分）

2. 时期指标与时点指标有何区别？（5 分）

六、计算题（42 分）

1. 某企业 2022 年某种产品单位成本为 440 元，计划规定 2023 年要降低 6%，实际降低了 9%，试计算 2023 年该种产品单位成本的计划数与实际数及计划完成程度。（5 分）

2. 某市百货公司三个商店 2023 年上半年销售计划执行情况资料如下表所示：（18 分）

商店名称	第一季度销售额（万元）	第二季度					第二季度销售额与第一季度销售额之比（%）
		销售额（万元）		销售额比重（%）		销售额计划完成程度（%）	
		计划	实际	计划	实际		
第一商店	160	170	（ ）	（ ）	（ ）	（ ）	120
第二商店	810	950	（ ）	（ ）	（ ）	110	（ ）
第三商店	2630	（ ）	2800	70	（ ）	（ ）	（ ）
合 计	3600	（ ）	（ ）	（ ）	（ ）	（ ）	（ ）
指标种类	总量指标						

要求：根据表中资料计算填列所缺数字，并说明各栏指标属于何种指标。

3. 某校甲、乙两班学生的统计基础知识考试成绩分组情况如下表所示：（19 分）

按成绩分组（分）	组中值	学生人数（人）		计 算 栏			
		甲班	乙班				
60 以下		2	4				
60～70		6	8				
70～80		21	17				
80～90		16	12				
90～100		5	9				
合 计		50	50				

要求：

（1）计算各班学生的平均成绩。（5 分）

（2）计算各班学生成绩的标准差。(10 分)

（3）分析两班学生平均成绩代表性的强弱。(4 分)

期中考试模拟试卷（二）

一、填空题（30 × 0.5 = 15 分）

1. 统计工作和统计资料的关系是________________的关系；统计学和统计工作的关系是________________关系。

2. 在问卷调查中，________提问是指问卷上仅给出问题，但问题后面不给出备选答案，回答问题也不做统一规定，而由被调查者根据自己的看法表达意见。

3. 统计总体的同质性是指构成总体的各单位在某方面要有________。

4. 统计的基本职能是________。

5. 调查项目就是统计调查中总体单位所承担的________，调查项目按照一定顺序排列在表格上就形成________。

6. 典型调查的典型单位是____________选择的，而抽样调查的样本单位则是________抽取的。

7. 统计分组不仅是________的基础，而且是________的基本方法。

8. 将人口按年龄分为如下四组：①15 岁以下　②15 ~ 40 岁　③40 ~ 60 岁　④60 岁以上。40 岁既是第②组的__________，又是第③组的__________。如果某一人的年龄恰好是 40 岁，按惯例这一人应统计在第__________组；第②组组距是__________；首组和末组的组中分别为__________和__________，因它们分别缺少一个组限而称为__________。

9. 数值平均数包括________、________和________等。

10. 某企业计划规定产品销售额比上年增长 15%，实际比上年增长了 12%，则其计划完成程度为________。如果上年的产品销售额为 800 万元，则本年的计划销售额为________，实际销售额为________。

11. 如果已知各组变量值及其标志总量，则应采用________的方法计算其平均数。如果总体中各变量值的和等于总体标志总量，要计算其平均数，则应采用________。

12. 平均指标反映总体各单位标志值的________趋势，标志变异指标则反映其________趋势，标志变异指标大，平均指标的代表性就________；反之，标志变异指标小，平均指标的代表性就________。

二、判断题（1×10=10分）

1. 实行统计法治就是为了加强执法力度，完善法律责任。（ ）
2. 那些不能用数字计量的社会经济现象是不能成为统计学的研究对象的。（ ）
3. 抽样调查中的样本单位都是随机抽取的，所以它无法代表总体的结构。（ ）
4. 条形图中各条形的高度表示各组次数的多少或频率的大小。（ ）
5. 时点指标在一定条件下可以转化为时期指标。（ ）
6. 如果两个数列的全距相等，那它们的离散程度就相同。（ ）
7. 平均指标在体现现象总体的共性时也同时表现了现象的个性。（ ）
8. 平均指标与标志变异指标都是用来反映总体分布的集中趋势的。（ ）
9. 次数分布越集中，平均数的代表性就越强。（ ）
10. 按品质标志分组，组与组的界限都比较明确。（ ）

三、单项选择题（1×10=10分）

1. 统计研究的“大量观察法”是指( )。
①必须对总体的全部单位进行调查
②只需对总体的大部分单位进行调查
③对总体的全部或足够多的单位进行调查
④对总体各单位的大量情况进行调查

2. 统计学中的“变异”是指( )。
①不同标志在同一单位上具体表现不相同
②每一单位都具有许多不同的标志
③同一标志在不同时间的具体表现不相同
④同一标志在总体各单位的具体表现不尽相同

3. 全面调查和非全面调查的划分依据是( )。
①是否对调查的全部情况都进行登记
②是否对研究的全部对象的全部单位都进行调查
③是否采用报表的方式提供资料
④是否连续地进行登记

4. 对连续型变量进行分组( )。
①宜用单项式分组　　②宜用组距式分组
③宜用等距式分组　　④单项式或组距式分组都可以

5. 按某数量标志分组的关键是( )。
①正确选择分组标志　　②确定组数
③确定组距　　④正确划分各组的数量界限

6. 在研究某地区工业企业的生产与经营情况时，企业个数（A）、职工人数（B）、主要产品产量（C）和销售收入（D）等指标( )。

①A、B、C、D都是总体单位总量
②A是总体单位总量，B、C、D是总体标志总量
③A、B、C、D都是总体标志总量
④B是总体单位总量，A、C、D是总体标志总量

7. 对比同类现象不相等的平均数的代表性时，需要计算(　　)。
①全距　　②平均差
③标准差　　④离散系数

8. 受所有变量值中极端值影响最小的平均指标是(　　)。
①算术平均数　　②调和平均数
③几何平均数　　④中位数

9. 下列属于平均指标的是(　　)。
①人均工资　　②人均国内生产总值
③人均住房面积　　④人均耕地面积

10. 按搜集资料的方式不同，问卷可分为(　　)。
①访问问卷和邮寄问卷　　②结构型问卷和无结构问卷
③封闭型问卷和开放型问卷　　④定类问卷和定序问卷

四、多项选择题（2×5＝10分）

1. 下列标志中属于品质标志的是(　　　　)。
①职工工种　　②产品等级
③运输方式　　④商品使用寿命
⑤固定资产用途　　⑥固定资产价值

2. 某市进行工业普查(　　　　)。
①调查对象是该市所有工业企业的设备
②调查对象是该市所有工业企业
③调查单位是该市工业企业的每台设备
④调查单位是该市每个工业企业
⑤填报单位是该市每个工业企业

3. 某市制造业企业按其年利润额可分为：500万元以下、500万～1000万元、1000万～2000万元、2000万～4000万元、4000万元以上等五组。这一分组(　　　　)。
①异距分组
②分组标志是连续变量
③末组组中值为5000万元
④某企业的利润2000万元，应统计在“2000万～4000万元”这一组
⑤相邻的组限是重叠的

4. 下列指标中属于质量指标的是(　　　　)。
①人均国民生产总值　　②平均每百户电视机拥有量
③产品合格率　　④人均粮食产量

⑤单位产品成本　　⑥人均月工资额

5. 标志变异指标能够(　　　　)。

①反映变量分布的集中趋势　　②反映变量分布的离散趋势

③评价平均指标代表性大小　　④全面评价事物的优劣

⑤衡量现象或过程的稳定性、均衡性

五、简答题（10 分）

1. 强度相对数与算术平均数有何不同？(5 分)

2. 算术平均数与众数和中位数有何数量依存关系。(5 分)

六、计算题（45 分）

1. 某公司所属两个企业的有关资料见下表：(18 分)

企业名称	2022 年利税总额（万元）	2023 年计划利税总额（万元）	2023 年实际利税额		2023 年固定资产平均总值		2023 年利税总额完成计划(%)	2023 年利税总额是去年的(%)	2023 年固定资产利税率（%）
			绝对额（万元）	比重（%）	绝对额（万元）	比重（%）			
一厂	480	500	550		2000				
二厂	235	300	350		1000				
合　计									
指标种类	总量指标	总量指标							

要求：

（1）计算填列表内空缺数字，并注明各栏指标的种类。（$0.5\times26=13$ 分）

（2）对两个企业的生产情况作简要评价。（5 分）

2. 某公司所属各商场的商品销售计划执行情况分组资料见下表：（14 分）

按计划完成程度分组（%）	第一季度实际销售额（万元）	第二季度计划销售额（万元）		
90～100	1500	600		
100～110	3000	2700		
110～120	5000	6000		
120 以上	3500	4200		
合　　计	13000	13500		

要求：

（1）试分别计算该公司两个季度的平均计划完成程度。（$4\times2=8$ 分）

（2）分析说明该公司哪个季度的计划执行情况较好。(6分)

3. 某市甲、乙两个集贸市场的有关蔬菜价格及销售额资料见下表：(13分)

品种	价格（元）	销售额（万元）		计 算 栏			
		甲市场	乙市场				
Ⅰ	0.40	1200	2400				
Ⅱ	0.50	2600	1300				
Ⅲ	0.60	1500	1500				
合 计	—	5300	5200				

要求：试计算两个市场的蔬菜平均价格为多少？（4×2=8分）两者为何不同？（5分）

综合模拟试卷（一）

一、填空题（0.5×36=18分）

1. 统计一词一般包括三个方面的含义，即____________、____________和____________。

2. 数据整理主要是对__________进行加工整理。

3. 分配数列包括__________和__________两个组成要素。在分配数列中，频数是指____________________。

4. 数值平均数包括__________、__________和__________；位置平均数是指__________和__________。

5. 编制动态数列的基本原则是保持数列中各项指标具有__________。具体要求是：第一，数列中各项指标__________应力求一致；第二，数列中各项指标的__________和__________应可比；第三，__________应可比；第四，数列中各项指标的__________和__________应一致。

6. 标志变异指标是衡量平均数__________大小的尺度，也可用来研究现象发展过程的__________和__________等。

7. 动态分析的任务除了编制动态数列，计算____________、____________、__________和__________等分析指标外，还可以用来研究现象的长期变动趋势和__________，并用来预测现象的未来情况。

8. 编制综合指数要解决两个问题：一个是复杂总体中各要素__________的问题，另一个是__________所属时期的确定问题。

9. 等距抽样按样本单位抽选的方法不同，可分为__________、__________和__________等。

10. 相关系数大于0，说明现象间存在__________；相关系数小于0，说明现象间存在__________；若相关系数等于+1，则说明现象间存在__________关系。

二、单项选择题（1×10=10分）

1. 要研究某市全部工业企业的产品生产情况，总体单位是(　　)。

①每一个工业企业　　②全部工业企业

③每一件工业产品　　④全部工业产品

2. 要了解某学校全部职工的情况，下列属于统计指标的是(　　)。

①该校每一个职工的学历　　②该校每个职工的工资

③该校全部职工的学历　　④该校职工的平均工资

3. 下列变量中属于连续变量的是(　　)。

①职工人数　　②设备台数

③学生体重　　④学校所数

4. 某地区在收割前随机地选取5%的麦田，通过测算其小麦产量来估计该地区的小麦总产量，这种调查属于(　　)。

①普查　　②典型调查

③重点调查　　④抽样调查

5. 某连续变量数列其末组为开口组，下限为500，相邻组的组中值为480，则末组的组中值为(　　)。

①520　　②510

③500　　④540

6. 某学校全部学生中，男生占了60%，女生只占40%，这种指标属于(　　)。

①比较相对数　　②强度相对数

③结构相对数　　④动态相对数

7. 某企业的税后利润今年计划比去年增长4%，实际增长了8%，则该企业税后利润的计划完成程度为(　　)。

①8% -4%　　②8% ÷4%

③108% ÷104%　　④104% ÷108%

8. 总体中如果各单位标志值的和等于其相应的总体标志总量，若要计算其平均数，则应选用(　　)。

①算术平均法　　②调和平均法

③几何平均法　　④三种方法都可以

9. 最基本的时间数列是(　　)。

①时点数列　　②时期数列

③绝对数时间数列　　④平均时间数列

⑤相对数时间数列

10. 若某企业的产量增长了5%，单位生产成本下降了5%，则可判断其生产费用指数为(　　)。

①下降　　②不变

③增加　　④无法测算其变化

三、多项选择题（1×10=10分）

1. 相对数的表现形式可以是(　　)。

①百分数　　②千分数

③倍数　　④系数

⑤成数

2. 下列说法正确的有(　　　)。

①统计总体是客观存在的

②不能把统计总体看成是一成不变的

③统计总体中的各单位在某方面必须具有同质性

④统计总体中的各单位在同质条件下的其他方面具有差异性

3. 下列各数列中，属于变量数列的有(　　　)。

①单项式数列　　②品质数列

③等距数列　　④异距数列

4. 计算平均发展速度的方法有(　　　)。

①水平法　　②累计法

③综合法　　④加权法

5. 众数(　　　)。

①是处于数列中点位置的标志值

②是总体中次数出现最多的标志值

③一般用 M_0 表示

④不受总体中极端标志值的影响

6. 若已知一个时期数列的项数、平均增长量和平均速度，则可推算出(　　　)。

①各期发展水平　　②各期发展速度

③任意时期与最初水平的比值　　④最末水平

⑤最初水平

7. 平均指标指数体系包括(　　　)。

①调和平均数指数　　②总指数

③可变指数　　④固定构成指数

⑤结构影响指数

8. 提高了推断的可靠程度，则(　　　)。

①扩大了估计值的误差范围　　②缩小了估计值的误差范围

③增大了概率度　　④降低了概率度

9. 下列属于正相关的现象有(　　　)。

①工资与物价的关系　　②销售量与销售价格的关系

③销售量与销售费用的关系　　④知识量与学习时间的关系

10. 能全面反映总体各单位标志值差异程度的指标有(　　　)。

①平均数　　②众数

③中位数　　④全距

⑤标准差　　⑥离散系数

四、判断题（1×10＝10分）

1. 统计总体就是指单位数很多的现象。　　(　　)

2. 在抽样研究中，样本平均数是唯一确定的量。 （ ）

3. 标准差就是与国家统一标准（或行业标准）之间的差别。 （ ）

4. 因为定基发展速度等于相应时期环比发展速度的连乘积，所以同时期的定基发展速度一定大于其环比发展速度。 （ ）

5. 算术平均数指数、调和平均数指数统称为平均指标指数。 （ ）

6. 如果两个变量之间的变化方向一致，都是增长趋势或下降趋势，则两者是一种正相关关系。 （ ）

7. 由于抽样调查是非全面调查中最有科学依据、最完善的统计调查方法，因而成为一种世界各国通行的调查方法。 （ ）

8. 某地区 2023 年的国内生产总值是 2022 年的 105%，这是一个比较相对数。 （ ）

9. 当两个数列的平均数相等时，两个数列的平均数的代表性也相同。 （ ）

10. 总体是标志的承担者。 （ ）

五、简答题（12 分）

1. 简述单项式变量数列和组距式变量数列的适用条件。（4 分）

2. 试述重复抽样与不重复抽样的主要区别。（4 分）

3. 简述相关分析与回归分析的内容。（4 分）

六、计算题（40 分）

1. 某公司 2022 年底在册职工人数为 680 人，2023 年 3 月 6 日招工 5 人，6 月 28 日进某高校毕业生 3 人；8 月 16 日有 2 名职工因故辞职。试计算该公司 2023 年第一季度、上半年和全年的平均在册职工人数分别为多少？(9 分)

2. 甲、乙两公司人数与月工资的有关资料见下表：（15 分）

月工资（元）	组中值	甲公司人数（人）	乙公司人数（人）	计算栏					
				甲公司			乙公司		
5000 以下		4	2						
5000～6000		25	18						
6000～7000		84	73						
7000～8000		126	103						
8000～9000		28	42						
9000 以上		13	12						
合计									

要求：

(1) 试分别计算两个公司职工的月平均工资。(5 分)

（2）试分别计算两个公司职工月工资的标准差。（5 分）

（3）分析并说明哪个公司职工的月平均工资的代表性强。（5 分）

3. 某企业有关资料见下表：（16 分）

产品名称	计量单位	销售量		单 价（元）	
		2021 年	2023 年	2021 年	2023 年
甲	万件	120	124	40	38
乙	万台	150	155	63	61
丙	万辆	150	160	11	15
合 计					

要求：

（1）计算销售量综合指数和价格综合指数。（8 分）

（2）试建立指数体系，并从相对数和绝对数两个方面对该企业销售额的变动情况进行因素分析。（8 分）

综合模拟试卷（二）

一、填空题（0.5×44＝22分）

1. 统计的研究对象是____________________；其特点有__________、__________、__________等。

2. 数据采集按采集对象的范围可分为__________和__________；按采集的组织形式可分为__________和__________；按采集时间是否连续可分为__________和__________；按搜集资料的具体方法可分为__________、__________、采访法、问卷法和卫星遥感法等。

3. 统计表从__________看，由总标题、横行标目、纵栏标目和数字资料四部分构成；从__________看，由主词和宾词两部分构成。

4. 总量指标按说明总体的内容不同分为__________和__________；按反映现象的时间状况不同分为__________和__________。

5. 反映标志变动程度的指标有__________、__________、__________和__________；其中最常用的是__________。

6. 动态数列由__________和__________两要素构成，它按指标的表现形式不同可分为__________、__________和__________三种。

7. 统计指数按其说明现象的范围不同分为__________和__________；按其说明现象的性质不同分为__________和__________；按采用的对比基期不同分为__________和__________。

8. 抽样调查按抽取样本的方法不同有__________和__________两种；抽样调查的基本方式有__________、__________、__________和__________等。

9. 配合回归直线的前提条件是两个变量之间确实存在着__________，而且要求其__________。

10. 问卷按搜集资料的方式不同可分为__________和__________等。

二、判断题（1×10＝10分）

1. 不论是数量指标还是质量指标，都可用数值表示，而标志却不尽然。（　　）
2. 统计分组的首要问题是正确划分各组的分组界限。（　　）
3. 比例相对数是总体中不同部分数值的比值。它可以说明总体的构成情况。（　　）

4. 某企业的“职工人数”指标肯定是一个总体单位总量。（　　）

5. 除动态相对数外，由其他五种相对数计算序时平均数的方法相同。（　　）

6. 总指数的基本形式是综合指数。（　　）

7. 调查误差有两类：一类是登记性误差，另一类是代表性误差。代表性是抽样调查所特有的，其他各种调查均不存在这类误差。（　　）

8. 判断两变量之间相关关系的密切程度的直观方法是计算相关系数。（　　）

9. 回归系数 b 值取正取负与相关系数 r 相同。（　　）

10. 统计调查的主要任务是搜集原始资料和次级资料。（　　）

三、单项选择题（1×8＝8 分）

1. 调查某乡的农业生产情况，了解到该乡甲村的水稻单位面积产量为 480 公斤，则单位面积产量是(　　)。

①指标　　②标志
③数量指标　　④数量标志
⑤质量指标　　⑥品质标志

2. 数据采集中的采集时间是指(　　)。

①调查工作的起止时间　　②数据所属的时期
③数据所属的标准时点　　④数据所属的时期或时点
⑤采集工作结束的最后期限

3. 已知某指标的计划完成程度为 95%，则(　　)。

①超额完成计划 5%　　②差 5% 完成计划
③超额完成计划 5 个百分点　　④差 5 个百分点完成计划
⑤应根据指标的性质确定其计划完成情况的好坏

4. 甲、乙、丙三个商业公司都有若干下属商店，各公司的平均销售计划完成程度分别是 115%、114%、98%；完成销售计划的标准差系数分别是 15%、4%、2%。以上三个公司，计划完成情况最好的是(　　)。

①甲公司　　②乙公司
③丙公司　　④甲、丙两个公司
⑤乙、丙两个公司

5. 动态数列中基本的数列是(　　)。

①绝对数动态数列
②相对数动态数列
③平均数动态数列
④相对数动态数列和平均数动态数列

6. 加权调和平均法指数公式中的权数一般是(　　)。

①P_0Q_0　　②P_1Q_1
③P_1Q_0　　④P_0Q_1
⑤Q_1

7. 在其他条件不变的情况下，样本单位数越多，则（　　）。

①系统误差越大　　②系统误差越小

③抽样误差越大　　④抽样误差越小

⑤调查误差越大　　⑥调查误差越小

8. 在回归方程 $Y=a+bX$ 中，若 $b = 0.68$，则（　　）。

①回归直线的起点值为0.68　　②回归直线呈水平发展趋势

③X、Y 按相同方向变动　　④X、Y 按相反方向变动

⑤说明 Y 每增加一个单位，X 将增加0.68个单位

四、多项选择题（1×8=8分）

1. 统计指标与数量标志的关系有（　　）。

①在同一研究目的下，两者可以相互转化

②在不同研究目的下，两者可以相互转化

③统计指标有可能成为数量标志

④数量标志有可能成为统计指标

⑤统计指标通常是总体各单位某一数量标志值之和

2. 在组距数列中，组距的大小（　　）。

①与总体单位数的多少成正比

②与总体标志总量的大小成正比

③与组数的多少成正比

④与组数的多少成反比

⑤与全距的大小成正比

⑥与全距的大小成反比

3. 甲、乙两企业的职工月平均工资均为3845元，可以直接据以判断平均工资代表性强弱的指标有（　　）。

①全距　　②平均差

③标准差　　④标准差系数

⑤平均数

4. 可选用的平均增长速度的计算公式有（　　）。

① $\sqrt[n]{\frac{a_n}{a_0}}-1$　　② $\sqrt[n]{\frac{a_n}{a_{n-1}}}-1$

③ $\sqrt[n]{X_1X_2\cdots\cdots X_n}-1$　　④ $\sqrt[n]{R}-1$

⑤ $\sqrt[n]{R-1}$　　⑥平均发展速度 -1 或100%

5. 三种商品报告期销售量分别较基期增加4%、7%、3%。基期销售额分别为30万元、100万元、50万元，则（　　）。

①销售量指数为105.4%

②销售量指数为104.7%

③销售量平均增长5.4%

④销售量平均增长4.7%

⑤因销售量增加而增加的销售额为9.7万元

⑥因销售量增加而增加的销售额为9.13万元

6. 抽样推断中缩小抽样误差的方法有(　　　　)。

①适当增加样本单位数　　②适当地减少样本单位数

③改进抽样的组织方式　　④改重复抽样为不重复抽样

⑤提高概率保证程度　　⑥降低概率保证程度

7. 直线回归方程 $y = 5 - 8x$ 中(　　　　)。

①自变量 x 每增加一个单位，因变量 y 平均增加8个单位

②自变量 x 每增加一个单位，因变量 y 平均增加5个单位

③自变量 x 每增加一个单位，因变量 y 平均减少8个单位

④自变量 x 每增加一个单位，因变量 y 平均减少5个单位

⑤可以判断自变量 x 与因变量 y 之间存在负相关关系

8. 统计研究的基本方法有(　　　　)。

①试验观察法　　②大量观察法

③统计描述法　　④相关分析法

⑤归纳推断法

五、简答题（10分）

1. 简述普查、重点普查、典型调查和抽样调查之间的区别与联系。(6分)

2. 什么是同度量因素？它有何作用？(4分)

六、计算题（42 分）

1. 两个水果批发商店三种水果的有关资料见下表：（12 分）

商品名称	甲商店		乙商店		计算栏		
	价格（元/斤）	销售额（万元）	价格（元/斤）	销售额（万元）			
苹果	1.20	17	1.15	12			
柑橘	0.70	15	0.70	16			
香蕉	0.8	18	0.85	22			
合　计							

要求：

（1）计算两个水果批发商店三种水果的平均价格各为多少？（8 分）

（2）计算说明两个商店的平均价格为什么不同？（4 分）

2. 某企业生产的甲、乙、丙三种产品的有关资料见下表：（20 分）

产品名称	计量单位	产量		单位成本（元）		计　算　栏		
		基期	报告期	基期	报告期			
甲	万件	200	240	40	38			
乙	万台	500	550	63	61			
丙	万辆	50	60	110	115			
合　计								

要求：

（1）计算三种产品的产量个体指数和单位成本个体指数。（3 分）

（2）计算三种产品产量综合指数和单位成本综合指数。（10 分）

（3）利用指数体系进行总成本变动的因素分析。（7 分）

3. 某集团企业的 10000 名职工中随机抽取 200 人进行调查，测得其月劳动生产率为 5 万元/人，标准差为 0.5 万元。

要求：（10 分）

（1）试以 95.45% 的概率，估计全部职工月劳动生产率的可能范围。（6 分）

（2）在其他条件不变的情况下，如果要求抽样极限误差不超过 0.03 万元，问至少应抽查多少名职工？（4 分）

综合模拟试卷（三）

一、填空题（0.5×40＝20分）

1. 统计工作过程包括：__________、__________、__________、__________和统计服务等环节；统计研究的基本方法有__________、__________和__________等。

2. 数据采集方案的基本内容包括__________、__________、__________、__________、__________和__________等方面。

3. __________是按一个标志对总体进行的分组；__________是按两个或两个以上的标志重叠起来对总体进行的分组。

4. __________相对数是总体中部分与总体之比；__________相对数是总体中部分与部分之比；__________相对数是同类现象在不同空间上的对比；__________相对数是同类现象在不同时间上的对比；__________相对数是相关的不同性质的现象在同一时间上的对比。

5. __________平均数受极大变量值或极小变量值的影响大；__________不受极端变量值的影响，但受变量值次数分布的影响；__________的计算要求变量值有明显的集中分布趋势。

6. 动态分析指标有两大类即__________、__________。

7. 综合指数中同度量因素既起__________的作用，又起__________的作用。

8. 影响必要样本单位数目的因素有__________、__________、__________和抽样调查的方式方法等。

9. 现象之间的相关关系按相关的程度分为__________、__________和__________；按相关的方向分为__________和__________；按相关的形式分为__________和__________；按相关因素的多少分为__________和__________。

10. 平均发展水平又叫__________，它是动态数列中各项水平差异的抽象化。

二、判断题（1×10＝10分）

1. 凡是统计指标都具有综合的性质，凡是标志就不应具有综合的性质。（　）

2. 原始记录的质量直接影响统计报表的质量。（　）

3. 典型调查中的典型单位，既可以是单个的，也可以是整群的。一旦被选定，就不

宜更换。 （ ）

4. 在编制变量数列时，对于那些既是所在组的上限，又是下一组下限的变量值，一般应统计到下限所在组中去。 （ ）

5. 在比较两个不同总体某平均数的代表性大小时，若其平均数不等而标准差相等，则平均数小的其代表性就小。 （ ）

6. 加权调和平均数是加权算术平均数的变形，其计算结果完全相同，经济意义也一样，只是因所掌握的资料不同而采用不同的计算形式而已。 （ ）

7. 判断一个动态数列是时期数列还是时点数列，可以根据指标数值是否具有可加性的特点来区分。 （ ）

8. 综合指数就是相应个体指数的综合。 （ ）

9. t 值越大，Δ 的范围越大，用样本指标推断总体指标的可靠性就越高。 （ ）

10. 对城镇居民家庭基本生活情况进行调查时，既可以进行入户调查，也可以进行网上调查，这些调查一般属于非全面调查中的典型调查。 （ ）

三、单项选择题（1×10=10分）

1. 研究某校学生的状况，则总体是（ ）。

①该校全体师生 ②该校全体学生

③该校全部师生人数 ④该校全部学生人数

⑤该校学生各科成绩

2. 调查单位的标志总量占总体标志总量绝大比重的统计调查是（ ）。

①普查 ②抽样调查

③重点调查 ④典型调查

3. 总量指标按其反映现象的内容不同分为（ ）。

①数量指标与质量指标 ②时期指标与时点指标

③实物指标和价值指标 ④总体单位总量与总体标志总量

4. 组距式变量数列中的组中值（ ）。

①是一个准确的平均值 ②是一个近似的代表值

③是最有代表性的平均值 ④必定是中位数

5. 某厂 2017～2022 年销售收入分别为 1320 万元、1380 万元、1400 万元、2430 万元、2500 万元、2540 万元，如果计算其平均发展速度，则需要开（ ）。

①4 次方 ②5 次方

③6 次方 ④不明确

6. 权数对算术平均数的影响作用取决于（ ）。

①权数的总数 ②权数的平均数

③权数的结构相对数 ④各组标志值的大小

⑤变量值总额的大小

7. 区间估计中全及指标所在的范围（ ）。

①是一个难以确定的范围 ②是一个绝对可靠的范围

③是一个有一定把握程度的范围　④是一个没有把握程度的范围

8. 相关系数 r 的取值范围是(　　)。

①$0 < r \leqslant 1$　②$-1 < r < 1$

③$-1 \leqslant r \leqslant 1$　④$-1 \leqslant r \leqslant 0$

⑤$r < 0$

9. 在分配数列中，频率是指(　　)。

①各组单位数与总体单位数之比　②各组标志值的比率

③各组单位数　④总体单位数

10. (　　)实质上是把统计分组和抽样原理有机组合起来的一种抽样方式。

①纯随机抽样　②等距抽样

③类型抽样　④整群抽样

四、多项选择题（1×8=8分）

1. 2020年11月1日进行的我国第七次人口普查是(　　)。

①非全面调查　②全面调查

③一次性调查　④经常性调查

⑤专门调查

2. 编制组距式变量数列的步骤是(　　)。

①按顺序将全部变量值由小到大进行排列

②确定组数和组距

③确定组限

④编制等距式变量数列

⑤制定组距式分组表

3. 相对数的表现形式可以是(　　)。

①百分数　②千分数

③系数　④倍数

⑤成数　⑥有名数

4. 下列指标中属于平均数的有(　　)。

①居民平均储蓄存款额　②家庭平均人口数

③设备平均使用寿命　④资金利税率

⑤全员劳动生产率　⑥产品平均等级

5. 选取样本单位时要求遵守随机原则，这样就(　　)。

①可以主动选取某些单位

②可以排除调查者的主观选择

③可以使全及总体中的各单位都有被抽中的同等机会

④可以使样本总体具有一定的代表性

6. 直线回归方程中的两个变量 x 和 y(　　)。

①一个是自变量，一个是因变量

②两者都是随机变量
③一个是给定的变量，一个是随机变量
④两个都是给定的变量
⑤x 是自变量，y 是因变量

7. 统计指数具有(　　　　)等性质。
①相对性　②综合性
③代表性　④平均性

8. 下列属于时期指标的有(　　　　)。
①流域面积　②进出口贸易额
③原材料购进量　④新生婴儿数

五、简答题（10 分）

1. 什么是权数？它有何作用？（4 分）

2. 什么是综合指数？如何编制综合指数？（6 分）

六、计算题（42 分）

1. 某公司下属的甲、乙两个分公司基期和报告期的销售额和职工人数资料见下表：（10 分）

	基　期		报告期		计算栏		
	销售额（万元）	职工人数（人）	销售额（万元）	职工人数（人）			
甲公司	300	60	800	180			
乙公司	250	125	150	70			
合　计							

要求：

（1）计算该公司的总平均劳动生产率指数。（4分）

（2）对总平均劳动生产率变动进行因素分析。（6分）

2. 从10000只电子管中随机抽取5%进行产品质量检查，结果发现有95%的产品是一级品，试计算抽样平均误差，并以95%的概率保证程度估计全部产品一级品率的所在范围。（10分）

3. 某经济欠发达地区2016～2022年的人均年收入及商品销售额资料见下表：（22分）

年份	人均年收入（百元）	商品销售额（百万元）	计算栏			
2016	64	120				
2017	70	140				
2018	78	170				
2019	85	185				
2020	91	200				
2021	96	225				
2022	100	250				
合　计						

要求：

（1）判断人均年收入与商品销售额之间的相关关系，如有必要，试建立回归直线方程。（8分）

（2）用最小平方法求人均年收入数列的趋势直线方程，并预测该地区2023年的人均年收入。（7分）

（3）据该地区2023年的人均年收入额，利用回归直线方程推算该地区2023年的商品销售额。（7分）

综合模拟试卷（四）

一、填空题（0.5×40=20分）

1. 统计总体的特点是________、________和________；统计指标的特点是________、________和________。

2. 统计专门调查包括________、________、________和________等；其中________的调查单位是随机选取的；________的调查单位是有意识选取的；________的调查单位是按调查单位的标志值所占比重大小来确定的；________的调查单位是调查对象中的所有单位。

3. 变量数列由________和________两个要素构成；在组距式变量数列中，如果扩大组距，则组数________；如果缩小组距，则组数________。

4. 检查中长期计划完成程度的方法有________和________。

5. 平均指标将总体各单位标志值的________抽象化，它是反映总体各单位某一数量标志值________的综合指标。

6. 计算平均发展速度的方法有________和________；测定季节变动的方法是________等。

7. 在分组条件下，总体平均水平的变动既受________变动的影响，又受________变动的影响，反映总平均水平变动的指数称为________，反映这两个因素各自变动影响的指数分别称为________和________。

8. 抽样推断的特点是________、________、________等。

9. 直线回归方程式 $Y_c = a + bx$ 中的 a 是________，它表示________；b 是________，它表示________。

10. 平均法指数是通过对________加权平均而形成的指数，常用的平均法指数有________和________。

二、判断题（1×10=10分）

1. 统计服务与统计监督不是相互对立的，而是相辅相成的。（　）

2. 进行重点调查的目的是为了从某些数量方面掌握重点单位的情况，从而了解总体发展的基本情况，以满足调查的需要。（　）

3. 权数对算术平均数的影响作用只表现为各组出现次数的多少。（　）

4. 总量指标的取得，并不单纯是技术上的汇总问题，而是确定它的科学的统计范畴和反映事物质的数量界限问题。（　）

5. 总体中各种结构相对数的和应等于1。（　）

6. 构成指数体系的基本前提是现象在客观上具有一种相乘的数量依存关系。（　）

7. 指数法的基本任务在于它能说明不能相加或不能直接对比的现象的综合变动。（　）

8. 重复抽样的误差一定大于不重复抽样的误差。（　）

9. 若相关系数等于0，则说明两变量间没有关系。（　）

10. 指数体系至少由三个相互联系的指数构成。（　）

三、单项选择题（1×10=10分）

1. 对某鞭炮厂的产品进行质量检验，应选用的调查方式是(　)。

①普查　②统计报表

③重点调查　④典型调查

⑤抽样调查

2. 对某企业的所有职工先按工种分组，然后再对不同工种的职工按性别分组，这种分组是(　)。

①简单分组　②复合分组

③平行分组体系　④复合分组体系

⑤按数量标志分组

3. 统计表从内容上看包括(　)。

①指标名称的指标数值

②总标题、标目和指标

③简单表、分组表和复合表

④主词和宾词

4. 某企业甲车间的劳动生产率是乙车间的1.2倍，这个指标是(　)。

①比较相对数　②比例相对数

③结构相对数　④强度相对数

⑤都不是

5. 三种不同规格的同类商品的售价分别为16元、14元、12元，其销售额均为336万元，则计算其平均售价的公式为(　)。

① $\bar{x}=\sum x/n$　② $\bar{x}=\sum xf/\sum f$

③ $\bar{x}=\dfrac{n}{\sum\dfrac{1}{n}}$　④ $\bar{x}=\dfrac{\sum M}{\sum\dfrac{1}{x}M}$

⑤ $\bar{x}=\sqrt[3]{x_1\cdot x_2\cdot x_3}$

6. 某厂计划规定本年度工人人数较上年增长2%，销售额比上年增长4%，则要求劳动生产率比上年增长(　　)。

①50%　　②2%

③1.96%　　④2.04%

⑤200%　　⑥ -1.92%

7. 在全及总体中，先将总体按某一标志分成不同的群，然后在各群中按随机的原则抽取一定单位构成样本的抽样方式叫(　　)。

①纯随机抽样　　②不重复抽样

③等距抽样　　④类型抽样

⑤整群抽样

8. 在经济核算中，资金流量是(　　)。

①质量指标　　②平均指标

③相对指标　　④总量指标

9. 下列现象中存在正相关关系的是(　　)。

①销售量越多，费用率越低

②施肥量增加，农作物产量也随之增加，但随后又将降低

③产品价格一定时，销售额随着销售量的增加而增加

④城乡居民收入增加，银行储蓄存款额也相应增加

10. 在市场经济条件下，应用最广泛的统计调查方式是(　　)。

①抽样调查　　②重点调查

③典型调查　　④普查

四、多项选择题（1×8=8分）

1. 某企业职工“甲”的月工资额为6550元，则(　　)。

①职工“甲”是总体单位　　②“工资”是变量

③“工资”是标志　　④“工资6550元”是指标

⑤工资“6550元”是标志值

2. 抽样调查与其他非全面调查的区别有(　　)。

①选取调查单位必须遵守随机的原则

②对部分单位进行深入细致的调查了解

③调查目的限于了解部分单位的资料

④根本目的是依据样本资料从数量上推断总体的数量特征

⑤可以对推断的误差进行计算和控制

3. 正确运用相对指标应注意的问题有(　　)。

①正确选择对比基数

②严格保持分子、分母可比

③相对数与绝对数结合对比分析

④在分组基础上进行对比分析

⑤多种相对指标相结合

4. 下列动态数列中属于时期数列的有(　　　　)。
①历年高校毕业生人数　　②历年人均储蓄存款额
③历年消费率　　④历年粮食消费量
⑤历年固定资产总额　　⑥历年新生婴儿数
5. 加权算术平均数指数是一种(　　　　)。
①总指数　　②综合指数
③平均法指数　　④平均指标指数
⑤个体指数平均数
6. 平均发展速度的计算方法有(　　　　)。
①水平法　　②累计法
③生产法　　④收入法
⑤支出法
7. 下列属于质量指标的有(　　　　)。
①高校毕业生人数　　②利息率
③进出口贸易额　　④人均粮食消费量
⑤固定资产折旧率
8. 下列属于相对指标的有(　　　　)。
①高校毕业生人数　　②利息率
③进出口贸易额　　④人均粮食消费量
⑤人均住房面积

五、简答题（10 分）

1. 时期指标与时点指标有何不同？(5 分)

2. 序时平均数与一般平均数的区别在哪里？(5 分)

六、计算题（42分）

1. 某厂上年生产甲产品的实际单位成本为120元/件，本年计划产品单位成本比上年降低5%，而实际只降低成本1%。要求：计算本年甲产品单位成本的计划完成程度以及本年实际单位成本与计划单位成本。（6分）

2. 某企业2023年第一季度的有关资料见下表：（10分）

	1月份	2月份	3月份	4月份
销售利润（万元）	128	130	162	164
月初职工人数（人）	160	164	180	186
劳动生产率（万元/人）	（　　）	（　　）	（　　）	（　　）

要求：

（1）计算填写表中空格。（2分）

（2）计算第一季度月劳动生产率和季度劳动生产率。（4分）

（3）如果把“月初职工人数”改为“月平均职工人数”，那么该厂第一季度的月劳动生产率又为多少？（4分）

3. 某地区三种工业产品的有关销售资料见下表：（12分）

产品名称	销售额（万元）		2023年的销售价格比2022年增（减）%
	2022年	2023年	
甲	24	38	15
乙	10	14	-1
丙	3	7	8
合　计			

要求：

（1）计算三种产品的价格与销售量综合指数。（8分）

（2）计算由于产品价格和销售变动而影响销售额增加的绝对量。（4分）

4. 某村共播种1500亩水稻，现对其中的100亩进行了收割前的估产，所得资料见下表：（14分）

按亩产量分组（斤）	抽查面积（亩）	计算栏				
600以下	8					
600～700	30					
700～800	40					
800～900	17					
900以上	5					
合　计	100					

要求：以95.45%的概率保证程度估计全部水稻的平均亩产量和总产量的范围。